렛유인 스마트스토어

무료 배송 & 당일 발송

서비스

빠른 무료배송은 물론 **할인된 가격**으로
도서를 구매할 수 있는 절호의 기회!

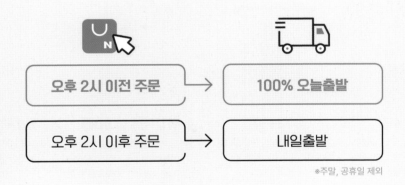

| 오후 2시 이전 주문 | → | 100% 오늘출발 |
| 오후 2시 이후 주문 | → | 내일출발 |

※주말, 공휴일 제외

 스토어 알림설정하면 **신간 도서 소식**과 함께
실시간 라이브 방송과 **이벤트 안내**를 바로 받아볼 수 있어요!

렛유인 스토어
구경하러 가기

네이버에 '렛유인 스토어'를 검색해보세요!

 렛유인 스토어

이공계 누적 합격생 38,487명이 증명하는
렛유인과 함께라면 다음 최종합격은 여러분입니다!

이공계 취업특화
1위

소비자가 뽑은
교육브랜드
1위

이공계 특화
전문 강사 수
1위

이공계 취업 분야
베스트셀러
1위

▌ 취업 준비를 **렛유인**과 함께 해야하는 이유!

포인트 1

Since 2013 국내 최초, **이공계 취업 아카데미 1위 '렛유인'**

2013년부터 각 분야의 전문가 그리고 현직자들과 함께 이공계 전문 교육과정 제공

포인트 2

**이공계 누적 합격생 38,487명 합격자 수로
증명하는 렛유인의 합격 노하우**

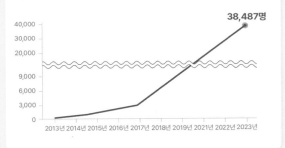

포인트 3

**이공계 5대 산업(반·자·디·이·제)
전문 강의 제작 수 업계 최다!**

[반도체 / 자동차 / 디스플레이 / 이차전지 / 제약바이오]

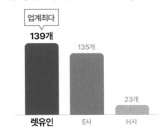

포인트 4

이공계 취업 분야 도서 베스트셀러 1위

대기업 전·현직자들의 노하우가 담긴 자소서 / 인적성 / 산업별 직무 / 이론서 / 면접까지
베스트셀러 도서 보유

* 누적 합격생 38,487명: 2015~2023년 서류, 인적성, 면접 누적 합격자 합계 수치
* 이공계 취업 아카데미 1위: 이공계 특화 취업 교육 부문 N사/S사/E사 네이버키워드 PC+모바일 검색량 비교 기준(2018.10~2019.9)
* 소비자가 뽑은 교육브랜드 1위: 3만여 명의 소비자가 뽑은 대한민국 교육 브랜드 대상 기술공학교육분야 3년 연속 1위 (2018 ~ 2020)
* 이공계 특화 전문 강사 수 1위: 렛유인 76명, W사 15명, H사 4명 (2023.01.13 기준)
* 이공계 취업 분야 베스트셀러 1위: YES24 2022년 8월 취업/면접/상식 월별 베스트 1위(한권으로 끝내는 전공·직무 면접 반도체 이론편 3판 기준)
* 업계 최다: 렛유인 139개, E사 135개, H사 23개(2023.02.11 기준)

나상무의 X-파일 취업타파

삼성/현대그룹 인사 30년차의 취업솔루션!

☑️ 면접 돌발상황에서도 1분 자기소개 완벽하게 하는 꿀팁!

☑️ 수시채용에서 가장 중요하게 보는 것은?

☑️ 면접관이 마무리 할 말 듣고 바로 합격시킨 이유는?

☑️ 거의 다 잡은 면접 이렇게 하면 탈락!

☑️ 합격자들의 1분 자기소개에 무조건 있는 특징 1가지!

:

**이 모든 내용+α를 바로 확인할 수 있는
나상무의 면접 무료 유튜브 특강
지금 바로 보러가기**

삼성/현대그룹 인사임원 30년 나상무의

인사담당자는 면접에서 이런 사람을 뽑는다!

나상무, 렛유인연구소 지음

2판 2쇄 발행

발행일 2024년 2월 1일 | **지은이** 나상무, 렛유인연구소

펴낸곳 렛유인북스 | **총괄** 송나령 | **편집** 권예린, 김근동 | **표지디자인** 정해림

대표전화 02-539-1779

홈페이지 https://www.letuin.com | **유튜브** 취업사이다

이메일 letuin@naver.com

ISBN 979-11-92388-26-7 (13320)

이자면 관통하기가 실현되는 현장이 면접입니다!

대학생/취준생이면 누구나 면접을 어려워합니다. '면접위원 관점'으로 대화하는 것이 면접(필자의 정의)이기 때문입니다. 여러분이 혼자 힘으로 면접위원 관점을 파악하는 것은 어려운 일입니다. 수많은 경험, 센스, 판단능력과 함께 오랜 시간이 필요합니다. 여러분의 힘든 시간을 조금이나마 줄여주면 좋겠다는 마음으로 이 책을 썼습니다.

수 년간의 면접위원 경험, 매년 만나는 1천 명의 대학생, 1년에 받는 수십 편의 합격후기가 저의 자산입니다. 특히 합격자/탈락자의 면접복기를 읽는 것이 저에게 큰 힘이 됩니다. 그 힘을 여러분과 공유하고자 면접복기를 요약하지 않고 책에 담았습니다.

- "웃으면서 최대한 공손하게, 기죽은 티를 내지 않고 …"[▶ p.104]
- "밝은 표정을 지으려고 노력 … 제 진심을 봐주신 것 같아 …"[▶ p.109]
- "긴장하지 않고, 끝까지 웃으면서 최대한 당당하게 …"[▶ p.115]
- "면접위원마다 스타일이 다르겠지만, 꾸며진 답변보다는 솔직하고 진정성 있는 대답을 원하셨던 것 같아요. 아무리 긴장돼도 포기하지 않고 끝까지 말하려고 노력하는 모습을 보여주는 것도 중요합니다. 표정은 항상 밝게 웃으면서! 태도는 예의 있게!"

저와 취업준비를 함께 하고 2번째 도전에서 2승 2무를 한 대학생이 있습니다. SK하이닉스와 Applied Materials에 최종 합격하고, 삼성전자 인적성과 ASML 임원면접에 불참한 친구가 보내준 합격후기입니다.

> "지난 하반기에 이력서 쓰는 법도 몰라서 삼성 서류탈락을 맛보고, 선생님과 겨울에 차근차근 준비해서 이번에 너무 좋은 결과를 얻을 수 있었습니다. … 나상무 선생님과 취업 준비한 건 '진짜 인생 살면서 오는 기회 중 하나'라는 생각이 드네요. 너무 감사했습니다."

이 같은 기회를 여러분께서도 잡으면 좋겠습니다. 저와 직접 만나지 못하는 친구들도 이 책을 통해서 합격의 기회를 잡을 수 있도록 도움을 드리고 싶습니다.

렛유인에듀 출판팀에게 감사를 드립니다. 원고/디자인 작성부터 멘탈까지 잡아준 막내딸 김민선 프로에게도 고마움을 전합니다.

PART 03 이자면 관통하기로 합격하는 직무면접

PART 04 이자면 관통하기로 합격하는 토론면접

PART

01

인사 30년 경력 임원이 말하는
면접 합격전략

CHAPTER 01 면접 합격전략은 이자면 관통하기

채용 프로세스에서 지원자와 회사(면접위원)가 직접 만나서 대화를 하는 과정은 면접이 유일하다. 그런 의미에서 면접에서의 관점 바꾸기는 그 중요성을 아무리 강조해도 모자라지 않다. 면접은 대화를 하는 것이고 그 핵심은 '나'를 소개하는 것이 아니라 '면접위원'을 설득하는 것이기 때문이다.

면접 합격전략은 이자면 관통하기

면접은 취업 과정의 마지막 관문이자 최종 합격 여부를 결정짓는 과정이다. 지원자의 입장에서 볼 때 면접은 이전의 두 단계보다 훨씬 더 혼자 힘으로 준비하기 어려운 단계이다. 서류전형과 직무적성검사는 탈락 이유를 어느 정도 알 수 있지만, 면접의 경우는 탈락 이유를 짐작하기 어렵다. 지원자 본인의 답변 내용에만 집중하다보면 면접위원이 보내는 합격과 탈락을 가로지르는 미세한 사인을 알아차리기란 쉽지 않기 때문이다.

면접이 끝난 후에 왜 탈락했는지 알려주는 기업은 없다. 따라서 면접은 어떤 단계보다도 지원자의 철저한 준비와 센스 있는 상황판단능력이 필요한 단계이다.

1. 면접위원의 관점이 정답이다

채용 프로세스에서 지원자와 회사(면접위원)가 직접 만나서 대화를 하는 과정은 면접이 유일하다. 그런 의미에서 면접에서의 관점 바꾸기는 그 중요성을 아무리 강조해도 모자라지 않다. 면접은 대화를 하는 것이고 그 핵심은 '나'를 소개하는 것이 아니라 '면접위원'을 설득하는 것이기 때문이다. '인사담당자 시리즈 자소서편'에서 소개한 개념을 떠올리자.

[◀ 인사담당자 시리즈 자소서편 Chapter 2에서 연결]

- 이력서, 자소서를 작성한 당신의 생각이 중요한 것이 아니다.
- 당신의 이력서와 자소서 내용을 기반으로 질문하는 면접위원의 관점이 중요하다.

면접위원을 설득하려면 ① 이력서 → ② 자소서 → ③ 면접까지, 세 단계가 일관성이 있어야 한다. 각 단계를 개별적으로 보지 않고 전체적으로 이어진 하나의 과정으로 이해하고 준비해야 한다.

① 이력서 : 치열하게 준비한 공부/경험을 소개
　→ 지원하기 위한 노력을 설명하기
② 자소서 : 이력서의 핵심 내용을 자소서의 스토리로 전개
　→ 회사/직무에 대한 열정과 직무역량을 어필하기
③ 면접 : 이력서 + 자소서 내용을 중심으로 성장 가능성을 설득
　→ 면접위원에게 '같이 일하고 싶은 후배'로 각인시키기

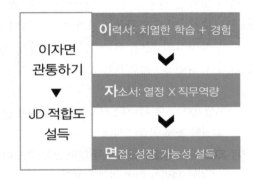

[이자면 관통하기: '나' 소개 < '면접위원' 설득]

2. 면접은 이자면 관통의 현장 : 면접 준비의 50%

　필자는 면접을 앞두고 이력서와 자소서의 내용을 걱정하는 지원자를 자주 목격한다. 면접을 준비하면서 이력서와 자소서 내용을 자세히 보게 되는데, 이때 무언가 답변하기 어려운 내용을 발견한 것이다. 이미 1~2개월 전에 제출했기 때문에 지금은 수정할 수가 없는 난감한 상황이 된다.

　그래서 필자는 이력서와 자소서를 작성하는 지원자들에게 다음과 같이 강조하고 부탁한다. "이력서와 자소서를 '제대로 작성하는 것'이 면접 준비의 50%이다." 별다른 고민 없이 가볍게 작성한 이력서와 자소서는 부메랑이 되어 면접 현장에서 탈락의 단초를 제공하기도 한다. 결론적으로 이자면 관통하기가 실현되는 현장이 면접이다.

'인사담당자 시리즈 자소서편'을 참고하여 이력서와 자소서를 제대로 썼다면, 이를 바탕으로 면접을 제대로 준비해보자. 필자의 다양한 현장 경험과 수많은 합격자 및 탈락자의 사례를 바탕으로 구체적이고 실전적인 도움을 주고 싶다.

3. 이자면 관통하기로 합격한 2명의 Case

이제 이자면 관통하기를 활용하여 최종 면접에서 합격한 두 친구의 사례를 살펴보자. 이자면 관통하기라는 공통점이 있으면서도 그 활용 방법에는 뚜렷한 차이점이 있다. B는 질문 과정에서, D는 답변 과정에서 이자면 관통하기가 실현된 사례이다.

- B합격자 : 이력서+자소서 내용을 기반으로 긍정적인 질문을 많이 받고, 겸손한 답변을 통해 합격한 사례
- D합격자 : 부정적인 질문을 많이 받았지만, 이력서+자소서 내용을 바탕으로 소신 있는 답변을 하여 합격한 사례

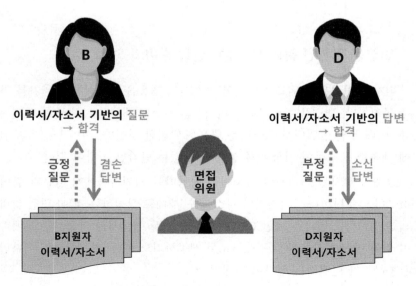

[이자면 관통 사례: 질문과정 vs 답변과정]

(1) 6 + 5 = 11 : B합격자에게 합격 선물을 준 숫자

[◀ 인사담당자 시리즈 자소서편 p.44에서 연결]

질문 수 11개. B가 인성면접에서 질문 받은 숫자이다. 면접위원(임원)으로부터 이력서 질문 6개와 자소서 질문 5개로 총 11개의 질문을 받았다. 초반의 1분 자기소개와 종반의 마지막 발언을 제외하면, 거의 모든 질문을 이력서와 자소서 내용을 기반으로 받은 것이다. 더욱이 면접위원들이 대부분의 질문을 긍정적인 관점에서 했다는 사실이 중요하다.

삼성전자 F사업부의 공정기술 직무에 합격한 B가 받은 질문 내용을 소개한다.

이력서		자소서	
학력사항	• 화공, 학점(평점) 3.8 ❶	**지원동기 포부**	<Dry Etch Tact time 단축> ❼❽❾ - F사업부 지원동기 → Etch 직무 선택기준 - Etch 직무를 지원하기 위한 4가지 노력 <공정 Step 축소 + 제조원가 절감>
경력	• 호프집 아르바이트 ❷		
대내외 활동	• NCS 반도체 교육과정 • 반도체 공정실습 • F사업부 직무체험의 장 • SEDEX, SEMICON 참가 • 축구동아리 ❹	**성장과정**	1. 태도의 중요성 : 설득의 법칙 3가지 ❿ 1) 손님 불편함 공감 → 2) 상황 설명 → 3) 관심 유지 2. 화공+반도체 : 평생직업을 찾다 ⓫ 1) 화공 전공 → 2) 반도체 만남 → 3) 평생직업 확신
자격/수상	• 화공기사 • 위험물산업기사 • 경찰서장 표창 ❸	**사회이슈**	<비메모리 반도체 성공 전략>
Essay	• 취미/특기 : 축구, 유튜브 ❺ • 존경인물 : 강대원 박사 ❻	**직무역량**	<F사업부 E기술팀 : 미세패턴기술 초격차 선도> 1) 8대 공정과 소자 특성 이해 2) MSDS 이해 역량 : 위험물산업기사

[B합격자: 이자면 관통하기]

먼저, 이력서 내용을 바탕으로 6개의 질문을 받았다.

① "학점이 좋은데, 대학원 진학은 생각해보지 않았나요?"
② "아르바이트에 호프집 알바라고 있는데 무슨 아르바이트인가요?"
③ "경찰서장 표창장을 받았는데, 이거 어떻게 받은 건가요?"
④ "취미가 축구이고 축구 동아리를 했는데, 본인의 축구실력을 점수로 매긴다면 몇 점을 주겠어요?"
⑤ "취미가 유튜브 컨텐츠 연구인데, 무엇을 연구한다는 것인가요?"

⑥ "존경하는 인물이 강대원 박사인데, 많이 알려지지는 않은 분입니다. 어떻게 알게 되었고 왜 존경하게 됐는지 말해줄 수 있나요?"

이어서, 자소서 스토리를 참고하여 받은 질문도 5개나 된다.

⑦ "반도체 산업을 선택한 이유는 무엇인가요?"
⑧ "자소서에 Dry Etch 공정을 하고 싶다고 했는데, 그 이유는 무엇인가요?"
⑨ "자소서를 보니까, 상당히 구체적으로 잘 쓴 것 같아요. '공정 Tact time 단축' 이런 말은 어디서 들은 건가요?"
⑩ "독하다는 말을 많이 듣는다고 했는데, 학업은 독하게 한 것 같고, 학업 외에 독하게 꾸준히 노력해서 이뤄낸 것이 있나요?"
⑪ "자소서에 '평생직업', '직무에 대한 확신' 이런 문구들이 있는데, 이러한 생각을 하게 된 사건이나 계기가 있나요?"

B는 이러한 질문에 대해 스펙을 내세우거나 자랑하지 않고 겸손한 답변을 함으로써 합격 선물을 받았다.

(2) 낮은 스펙을 깨부순 D합격자 : 이력서+자소서 기반의 소신 답변

[◀ 인사담당자 시리즈 자소서편 p.120에서 연결]

D는 자신이 핸디캡이 많은 지원자라고 생각하는 학생이다. 3학년이 되면서 토목공학에서 전자공학으로 전과를 했고, 전자공학을 어렵게 공부한 때문인지 학점도 보통(3.45) 수준이다. 게다가 2학기 동안 졸업유예를 한 상황이었다.

○ 서울 소재의 중하위권 대학 : 1~5단계로 구분 시 4단계 대학교
○ 전자공학 전공 : 3학년이 되면서 토목공학과에서 전과

- ◎ 학점(평점) : 총학점 3.45, 전공학점 3.35
- ◎ 졸업유예 2학기
- ◎ 반도체 전문연구소 연수 3건
- ◎ 토익 845점, 토스 L6
- ◎ 인턴 경력이 없음

하지만 D는 반도체 전문연구소 3곳에서의 연수사항을 잘 활용하여 이력서와 자소서를 작성했다. 이를 통해 자신의 단점을 극복하려는 노력을 강조했다. D의 이력서 → 자소서 연결고리를 정리해보자.

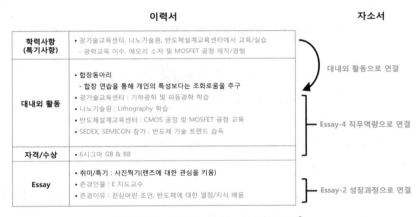

[D합격자: 이력서 → 자소서 연결고리]

그리고 인성면접과 직무면접에서 이력서와 자소서 내용을 바탕으로 소신 있게 답변한 결과, 꿈에 그리던 최종 합격 소식을 받았다. 삼성전자 M사업부의 공정기술 직무에 합격한 D의 답변 내용을 소개한다. [▶ p.99 면접복기로 연결]

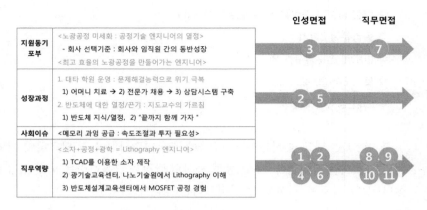

		인성면접	직무면접
지원동기 포부	<노광공정 미세화 : 공정기술 엔지니어의 열정> - 회사 선택기준 : 회사와 임직원 간의 동반성장 <최고 효율의 노광공정을 만들어가는 엔지니어>	3	7

성장과정	1. 대타 학원 운영 : 문제해결능력으로 위기 극복
	  1) 어머니 치료 → 2) 전문가 채용 → 3) 상담시스템 구축
	2. 반도체에 대한 열정/끈기 : 지도교수의 가르침
	  1) 반도체 지식/열정, 2) "끝까지 함께 가자 "
		2 5	

사회이슈	<메모리 과잉 공급 : 속도조절과 투자 필요성>		
직무역량	<소자+공정+광학 = Lithography 엔지니어> 1) TCAD를 이용한 소자 제작 2) 광기술교육센터, 나노기술원에서 Lithography 이해 3) 반도체설계교육센터에서 MOSFET 공정 경험	1 2 4 6	8 9 10 11

[D합격자 : 자소서 → 면접 연결고리]

먼저, 인성면접에서 6개의 답변에 자소서 내용을 적극 활용했다.

① 1분 자기소개에 Essay-4 직무역량을 활용했다.
② "학점이 좋지가 않네요?"라는 질문에 Essay-2 성장과정과 Essay-4 직무역량으로 답변했다.
③ "살아가는 데 중요한 것은 무엇인가요?"라는 질문에 Essay-1 지원동기로 답변했다.
④ "원하지 않는 부서로 배치된다면 어떻게 하시겠어요?"라는 질문에 Essay-4 직무역량으로 답변했다.
⑤ "지금까지 답변한 걸로 저희를 설득할 수 있을 거라 생각하나요?"라는 질문에 Essay-2 성장과정으로 답변했다.
⑥ 마무리 발언에서 Essay-4 직무역량을 다시 한 번 강조했다.

이어서, 직무면접에서는 5개의 질문에 대해 자소서 내용을 바탕으로 답변을 했다.

⑦ "노광공정을 하고 싶은 이유는 무엇인가요?"라는 질문에 Essay-1 지원동기로 답변했다.

⑧, ⑨, ⑩, ⑪ "포토장비에 대해 말해 보세요.", "Implantation을 설명해 주세요.", "Cleaning 말해 봐요.", "Deposition 설명해 보세요."라는 질문에 Essay-4 직무역량을 참고하여 답변했다.

이처럼 D는 소신 있는 답변으로 면접위원들을 설득하는 데 성공했다. 이력서와 자소서에 답변의 근거가 명확하게 기술되어 있었기 때문에 소신 있게 답변할 수 있었다.

두 명의 사례에서 보듯이 이자면 관통하기는 면접 합격으로 가는 열쇠이다. 이자면 관통하기라는 큰 틀을 이해했다면, 이제 이를 바탕으로 한 구체적인 면접비법을 살펴보자.

면접비법을 설명하기 전에 대기업의 면접구조를 알아보자. 최근의 변화는 대기업의 면접구조가 다양화되고 있다는 것이다. 같은 그룹 안에서도 지원한 계열사 및 직무에 따라 면접유형이 상이한 경우가 많다. 특히 1차 면접에서 다양한 면접을 통해 지원자의 역량을 심도 있게 검증하고 있다.

1. 다양화되고 있는 대기업 면접구조

대기업의 면접구조는 면접의 내용, 단계, 형식, 대면/비대면 등에 따라 다음과 같이 구분할 수 있다.

- ◉ 면접 내용 : 인성면접, 직무면접(PT), 창의성면접, 토론면접(GD), 영어면접
- ◉ 면접 단계 : 단계(1차 → 2차) 면접, 하루(One-stop) 면접
  - 단계 면접 : 1차 면접을 통과한 지원자에 한해 2차 면접 기회를 주는 면접
  - 하루 면접 : 2~3가지 면접을 하루에 마무리하고 합격자를 선정하는 면접
- ◉ 면접 형식 : 개별 면접, 통합 면접
  - 개별 면접 : 2~3가지 면접을 순서에 따라 개별적으로 진행하는 면접
  - 통합 면접 : 1번의 면접에서 2가지(직무, 인성) 질문을 통합하여 진행하는 면접
- ◉ 대면 면접, 비대면 면접

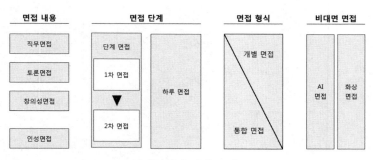

[대기업의 면접구조]

대부분의 대기업이 인성면접과 직무면접을 기본으로 하면서 토론면접, 창의성면접 등을 보조적인 것으로 활용하고 있다. 이를 종합해 면접 내용에 따른 세 가지 면접(인성면접, 직무면접, 토론면접) 중심으로 설명하고자 한다.

2. 5대 그룹의 면접구조 Summary

이번에는 여러 가지 면접을 시행하는 회사 관점에서 살펴보자. 특히 대학생들이 가장 많이 지원하는 5대 그룹의 면접구조를 정리해보자.

① 삼성 : 2~3가지 면접, 하루 면접, 개별 면접

- 3가지(인성, 직무, 창의성) 면접을 하루에 마무리하는 대표적인 회사이다. 3가지 면접을 각각 개별적으로 진행한다.
  - 2020년 상반기부터 코로나 영향으로 2가지(인성, 직무) 면접으로 축소 운영하고 있다. 특히 직무면접의 경우, 회사가 제시한 과제를 풀고 발표하는 'PT 방식'에서 직무관련 질문을 하는 'Q&A 방식'으로 바뀐 점이 눈에 띈다.
- 2021년 상반기부터 인력개발원과 같은 장소에서 화상면접으로 진행하고 있다.

② SK : 관계사별, 직무별로 다양한 면접 방식을 활용

- 회사별로 PT면접, 그룹토론, 심층면접 등 1~3회 이상의 심도 있는 과정으로 지원자의 역량을 철저히 검증하고 있다. 글로벌 커뮤니케이션 능력이 필요한 직무는 외국어면접도 진행한다.
- 채용규모가 가장 큰 SK하이닉스 : 2가지 면접, 하루 면접, 통합 면접
  - 하루에 한 번의 면접에서 2가지(직무, 인성) 질문을 통합하여 진행한다.
  - 2020년 상반기부터는 인력개발원 등 지정된 장소에 모여서 화상면접을 활용하고 있다.
- SK이노베이션 : 5가지 면접, 단계 면접, 개별 면접
  - 1차 면접에서 직무면접, 패기면접, 종합면접, 영어면접 등 4가지 면접을 하루에 개별적으로 실시한다.
  - 1차 면접 통과자에 한해 2차 면접(임원면접)을 진행하여 최종 합격자를 확정한다.

③ LG : 2가지 면접, 단계 면접, 개별 면접

  ● 1차(실무) 면접을 통과해야 2차(인성) 면접 기회가 주어진다.

  ● 특히 1차 면접은 관계사별로 다양한 방식으로 진행한다. 토론면접, PT면접, 창의
    성면접 등 다양한 방식으로 각 사별 지원분야에 맞는 인재를 평가한다.

④ 현대자동차 : 2가지 면접, 단계 면접, 개별 면접

  ● 1차(직무) 면접을 통과해야 2차(종합) 면접에 갈 수 있다.

  ● 직무면접은 1가지(실무) 면접만 보는 직무가 있고, 2가지(주니어, 실무) 면접을 보
    는 직무도 있다. 주니어면접은 사원 3년차~대리, 실무면접은 수석이 면접위원
    으로 참석한다.

  ● 종합면접은 임원이 면접위원으로 참석하는 최종 면접이다.

⑤ 롯데 : 2~3가지 면접, 하루 면접, 개별 면접

  ● 역량면접, 임원면접, PT면접, GD면접, 외국어평가 등 다양한 방식을 하루 동안
    One-stop으로 진행한다.

  ● 지원한 계열사 및 직무에 따라 면접유형이 상이하다.

대기업 면접은 변화~ing

최근 대기업 면접에 변화의 물결이 거세다. 변화가 불가피한 이유는 대외적인 요인과 대내적인 요인이 중복되어 일어났기 때문이다. 대외적으로는 코로나 사태, 대내적으로는 공정성 확보와 수시채용의 확대 등이 요인이다. 필자는 이를 다음 세 가지 변화로 요약하여 설명한다.

- AI면접
- 화상면접
- 깐깐면접

1. AI면접의 확대

AI면접은 코로나 사태, 공정성 확보, 수시채용의 확대에 대응하는 방법으로 확대되고 있다. 지원자 입장에서 AI면접을 간과해서는 안 되는 이유가 있다.

- **AI면접 결과로 탈락시키는 기업이 있다.**
  - 국내 5대 그룹의 한 계열사는 하위 25%를 탈락시키고 있고, 모 대기업 계열사는 하위 30~40%나 탈락시키고 있다.
- **탈락시키지 않더라도 최종 면접에 큰 영향을 준다.**
  - AI면접의 종합평가는 추천/비추천으로 구분되는데, 그 내용이 최종 면접에 참석하는 면접위원에게 전달된다.
  - 추천/비추천이란 결과를 본 면접위원은 지원자에 대해 선입견을 갖게 된다. 추천인 지원자에 대해서는 긍정적인 분위기 속에서 적극적인 질문을 하게 된다. 반면에 비추천인 지원자에 대해서는 부정적인 분위기 속에서 소극적인 질문을 하게 되는 것이다.

만약 AI면접을 앞두고 있다면 AI면접을 이해하고 준비하자.

2. 화상면접이 비대면 면접의 대세

수시채용의 확대가 화상면접을 도입하게 만들었다면, 코로나 사태가 화상면접에 불을 붙였다. 코로나 속에서도 채용을 멈출 수 없는 기업에게 화상면접은 유일한 해결책이었다. 화상면접을 중심으로 비대면 면접이 이슈화되면서 여러 변화를 가져왔다.

특히 인성면접보다도 직무면접에 큰 영향을 주었다. 직무면접의 경우, 'PT 방식'에서 'Q&A 방식'으로 바뀌고 있다.

- ○ PT 방식 : 회사가 제시한 과제를 풀고, 그 내용을 PT 발표하는 방식
- ○ Q&A 방식 : PT 발표를 하지 않고 직무관련 질문을 하는 방식
  - 이력서의 직무스펙, 자소서의 직무역량을 중심으로 질문을 한다.

때문에 이력서와 자소서 작성이 더욱 중요해지고 있다.

3. 깐깐면접의 강화 : 직속상사의 면접

수시채용이 확대되면서 면접에도 중요한 변화가 일어났다. 깐깐면접이 대표적인 변화이다. 면접위원의 검증내용이 이전보다 훨씬 깐깐해졌다는 의미이다. 그 배경은 다음과 같다.

- ○ **면접위원이 곧 직속상사이다.**
  - 지원자 입장에서 면접위원 설득과정이 보다 깐깐해진 것을 의미한다.
  - 이력서에 직무스펙이 잘 정리되어 있어야 하고, 자소서 스토리에는 직무역량이 제대로 표현되어야 한다. 면접에 가면 이를 토대로 입사 후 성장 가능성이 있는 인재임을 설득해야 한다.
- ○ **직무관련 질문 중심으로 진행된다.**
  - 직무면접은 물론 인성면접에서도 직무관련 질문의 비중이 높아지고 있다.

따라서 JD 적합도가 높은 직무역량을 제대로 준비하고 어필하자.

PART

02

이자면 관통하기로 합격하는
인성면접

인성면접에서 면접위원이 지원자로부터 검증하려는 키워드는 무엇일까? 회사마다 인재상이 다르듯 구체적인 평가요소는 다를 수 있다. 하지만 필자의 경험을 통해 대기업의 면접위원이 공통적으로 원하는 지원자 상을 제시할 수 있다. 바로 '인간미 있는 독종'이다.

면접위원이 제시하는
인성면접 합격전략

1. 인성면접이 어려운 이유

  인성면접을 경험하지 못한 지원자는 대부분 직무면접보다 쉽다는 선입견을 가지고 있다. 직무면접은 전공지식과 직무기술을 준비해야 하지만, 인성면접은 자신에 대해 묻는 것이기 때문에 별도로 준비할 필요가 없다고 생각하는 것이다. 다음과 같은 이유가 그 원인이다.

- **질문 내용이 예상 가능하다.**
  - 인성면접 질문은 회사마다 크게 다르지 않고, 전년도와 거의 동일하게 나온다.
- **정해진 질문이기 때문에 모범답안이 가능하다.**
  - 질문 리스트를 뽑을 수 있고, 그에 대한 답변 스토리도 만들 수 있다.
- **지원자 사이에 점수 차이가 적다.**
  - 답변에 문제될 것이 없으면 통과되고, 지원자 간 답변 내용에 변별력이 낮다.

  그러나 인성면접을 한번이라도 경험해 보면 그 선입견이 산산이 부서지고 만다. 직무면접의 질문은 정답이 있지만, 인성면접의 질문은 지원자 입장에서 딱 맞아떨어지는 정답이 존재하지 않는다. 답변의 적합성에 대한 판단 여부가 면접위원의 생각에 있다. 게다가 다음 세 가지의 어려움이 있다.

- **불합격 처리되는 '함정질문'이 있다.**
  - 탈락을 자초하는 키워드가 있고, 지원자가 알아채기 어려운 2가지의 함정질문이 있다.
  - 때문에 인성면접에서 왜 탈락했는지 모르는 지원자가 많다.
- **즉문즉답이 어려운 '꼬리질문'이 많다.**
  - 임원들이 하는 모든 질문에는 의도가 있다.

- 임원의 질문이 나오면 보통 1~2초 후에 답변을 시작하는 것이 좋다. 1~2초 안에 의도를 파악하고 그에 적합한 답변을 생각한 다음, 답변을 시작하는 것이 생각처럼 쉽지 않다.

○ 임원들 앞이라는 중압감으로 긴장이 배가 된다.
 - 3~4명의 임원 앞에 서는 순간 긴장감으로 위축될 수밖에 없다.
 - 특히 인사임원의 역할은 합격자 선발보다 부적격자를 색출하는 것이다.

2. 인성면접의 중요성

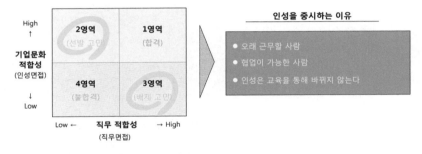

[인성면접이 중요한 이유]

 필자는 인성면접이 직무면접보다 어렵고 중요하다고 생각한다. 위의 그래프에서 나눈 4개의 영역별 합격여부를 확인해보자. 인성면접과 직무면접의 점수가 모두 높은 지원자(1영역)는 당연히 합격이고, 두 영역 모두 낮은 지원자(4영역)는 불합격이다. 문제는 2영역과 3영역으로 평가를 받은 지원자이다.

 인사팀에서는 2영역과 3영역의 평가를 받은 지원자를 어떻게 판단할까? 기업에서는 상대적으로 기업문화 적합성이 높은 2영역의 지원자는 선발을 고민하지만, 그렇지 않은 3영역의 지원자는 배제를 고민한다. 결국 회사에서는 직무면접보다는 인성면접을 중시한다는 것이다. 왜 그럴까?

◎ **오래 근무할 사람을 원하기 때문이다.**

– 신입사원 퇴직률이 높아지고 있는 요즘, 조금이라도 퇴사할 가능성이 있는 사람을 뽑는다면 인사팀은 기회비용을 상실하는 것이다.

◎ **협업이 가능한 사람을 찾기 때문이다.**

– 인사팀은 조직문화에 잘 적응할 수 있는 인성을 갖춘 신입사원을 원한다.

◎ **인성은 교육을 통해 바뀌지 않기 때문이다.**

– 지원자의 대부분이 20대 중반을 넘었기 때문에 이미 인성적인 측면이 형성되었다고 볼 수 있다. 이를 회사에서 내부적으로 교육을 통해 변화시키기란 쉬운 일이 아니다. 그렇기 때문에 인사팀은 인성면접을 더 중요하게 생각한다.

인성면접에서 면접위원이 지원자로부터 검증하려는 키워드는 무엇일까? 회사마다 인재상이 다르듯 구체적인 평가요소는 다를 수 있다. 하지만 필자의 경험을 통해 대기업의 면접위원이 공통적으로 원하는 지원자 상을 제시할 수 있다. 바로 '인간미 있는 독종'이다.

1. 대외홍보용 인재상을 믿지 마라

인재상은 회사가 원하는 바람직한 임직원의 모습을 제시해놓은 것이다. 취업을 준비하는 대학생에게는 중요한 내용이다. 자소서를 작성할 때나 면접을 준비할 때, 가장 먼저 확인하고 외우는 내용이기도 하다. 대학생들이 많이 지원하는 대기업의 인재상은 다음과 같다.

- 삼성 : 열정(Passion), 창의혁신(Creativity), 인간미·도덕성(Integrity)
- SK : 경영철학에 대한 확신(VWBE, SUPEX), 일과 싸워서 이기는 패기
- LG : Passion(열정/도전), Innovation(고객최우선/혁신), Originality(팀웍/창의), Competition(실력/경쟁)
- 현대자동차 : 고객 최우선, 도전적 실행, 소통과 협력, 인재존중, 글로벌 지향
- 롯데 : 실패를 두려워하지 않는 인재, 실력을 키우기 위해 끊임없이 노력하는 인재, 협력과 상생을 아는 인재

어느 회사든 대외홍보용 인재상은 완벽하다. 아니, 완벽을 추구한다고 보는 것이 합리적이다. 하지만 임직원이 일하는 회사의 현장은 완벽하지 않다. 끊임없이 발생하는 문제점을 하나하나 해결하면서 지속적인 성장을 추구하는 곳이 회사다. 그래서 회사가 공식적으로 내건 이론상의 인재상과 임직원이 일하는 현장의 리더상은 다를 수밖에 없다.

조선일보 기자가 대기업의 임원에 대한 평판을 기사화한 적이 있다. 현장 리더인 임원들의 부하들에게 평판을 듣고, 임원들의 공통되는 특징을 정리한 내용이다.

- 집요할 정도로 '추진력'이 강하다.
- 주변에서 '독사' '진돗개'라고 부른다.
- 현안이 있으면 주중, 주말 할 것 없이 퇴근하지 않고 '결판'을 보는 스타일이다.

한 마디로 표현하면 일하는 데 있어 '독종' 스타일이라는 뜻이다. 회사와 CEO에 대한 충성심으로 가득 찬 그들은 CEO의 지시사항을 완수하는 것을 최고의 목표로 삼고, 어떠한 어려움이 있어도 기한 내에 탁월한 성과물을 만들어내는 독종이다. 이런 인물들은 일반적으로 둘 중 하나다.

- 일에 대한 냉혹한 승부근성으로 뛰어난 성과를 만들어내는 리더
- 최고의 전문기술을 가지고 탁월한 성과를 이루어내는 리더

중요한 것은 이들이 인성면접의 면접위원이라는 사실이다. 당신에 대해 궁금한 것을 묻고 당신의 답변을 들으면서 채용 여부를 결정하는 사람들이다. 독종인 임원들은 어떤 지원자를 합격시킬까?

2. 면접위원 관점에서 보는 3가지 타입의 지원자

필자는 오랜 동안 채용을 기획하고 진행하면서 인성면접에도 참여해왔다. 그 과정에서 수많은 지원자를 만나보았다. 면접을 하다 보면 대부분의 지원자는 크게 3가지 타입으로 구분된다.

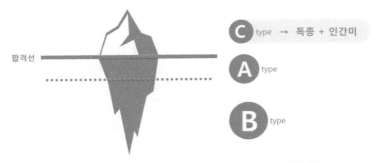

[면접위원 관점에서 보는 3가지 타입의 지원자]

이를 빙산으로 비유해 설명해 보자. 빙산은 3분의 2가 바닷물에 잠겨 있고 3분의 1이 수면 위로 올라와 있다. 대기업의 면접 경쟁률이 평균 3대 1임을 감안하면, 상위 3분의 1에 들어야 합격이 된다. 결국 빙산에서 수면 위로 올라와야 합격할 수 있다는 의미이다. 합격선은 수면이다.

- B타입 지원자는 빙산의 맨 아래에 위치한다. 합격선과 거리가 제일 멀다.
- A타입 지원자는 빙산의 중간에 위치한다. 합격선 바로 밑에 위치해서 아쉬운 친구들이다.
- C타입 지원자가 빙산의 수면 위로 올라온다. 이들이 안정적으로 합격권에 들어오는 친구들이다.

먼저 A타입과 B타입을 비교해보자. 실제로 A타입과 B타입은 사람의 성격을 구분하는 가장 간단한 방법이다.

- A타입의 성격 특징 : 인간미보다 독종이 강한 스타일
  - 참을성이 없고 공격적이다.
  - 경쟁심이 강하고 숫자에 신경을 많이 쓴다.
  - 성공을 양적인 잣대로 측정한다.
  - 말을 빨리 하고 식사를 빨리 해치우고 재빠르게 걷는다.
  - 항상 시간에 쫓기며 2가지 일을 동시에 수행한다.
  - 여가시간을 잘 활용하지 못한다.

○ B타입의 성격 특징 : 독종보다 인간미가 강한 스타일
  - 참을성이 있고 행동이 부드럽다.
  - 허풍을 떨지 않는다.
  - 시합을 하면 재미로 하고 승부에 관심이 없다.
  - 시간에 관심이 없고 절대로 서두르지 않는다.
  - 마감시간에 쫓기는 일이 많다.

3. 인간미 있는 독종(C타입)의 이해

대기업 면접실 현장이다. 면접이 끝나고 지원자가 나가면 면접위원들은 평가를 확정한다. 이때 면접위원들 사이에 의견 교환을 하는 경우가 많다. 보통 10~30초 사이의 짧은 시간에 다음과 같은 의견이 오고 간다.

○ "스펙도 좋고 모범생 스타일인데, 뭔가 좀 약해 보여서 아쉽네요." → B타입
○ "독불장군 스타일이라서 인간미가 부족하지 않을까 걱정됩니다." → A타입
○ "승부근성이 강해서 우려했는데, 인간미도 있고 배려심도 있네요." → C타입

경험적으로 보면 B타입이 50%로 가장 많은데, 독종보다는 인간미 이미지가 강한 지원자이다. 30%를 차지하는 A타입은 인간미보다 독종 이미지가 강한 지원자이다. 20%에 해당하는 C타입은 인간미와 독종 이미지를 같이 보여주는 지원자이다. '당신이 면접위원이라면 어떤 지원자를 뽑겠는가?'

대기업 임원은 90% 이상이 A타입이다. 이들이 면접을 할 때 유사한 A타입 지원자를 선호한다. 하지만 A타입이 너무 강해도 합격선에서 밀려난다. 신입사원 면접에서는 독종과 함께 인간미도 필요하기 때문이다.

합격은 바로 C타입의 몫이다. C타입이 갖춘 인간미와 독종의 의미를 이해해야 한다.

- 독종이란 일에 미쳐 열심히 빠져들고 최선의 노력을 다하는 사람
- 인간미란 타인과 소통할 줄 알고 조직 전체와 협업을 할 수 있는 사람

두 키워드의 순서를 따진다면 '독종 먼저, 다음에 인간미 추가'로 이해하자. 독종 이미지가 제일 중요하고, 다음으로 인간미 이미지가 필요하다는 의미이다. 결론적으로 맡은 일은 승부근성을 가지고 독하게 하되, 일하는 과정에서 소통과 협업을 충분히 할 수 있는 사람을 말한다.

1. 관점을 바꿔야 합격한다

　면접에서는 '나'를 소개하는 것이 중요하지 않다. 보다 중요한 일은 회사/면접위원을 설득하는 것이다. 왜 설득해야 하는가? 나를 채용하라고 설득하는 것이 면접이기 때문이다. 이러한 관점의 차이는 '무엇으로 설득할 것인가'의 차이로 연결된다.

　많은 취업 컨설턴트가 생각 없이 조언한다. 면접위원에게 '나'라는 상품을 사게 하라고 이야기하라는 것이다. 면접위원에게 돈 내고 사달라고 부탁하라는 것과 무엇이 다른가. 틀린 관점이다.

　내 의견은 다르다. 근본적으로 관점이 다르다. 지원자로서 면접위원에게 자신의 '성장 가능성'을 설득시키라고 조언한다. 면접위원에게 자신의 가치관이나 인생관을 공감시키라는 의미이다. 그 진실성을 면접위원에게 전달해야 합격할 수 있기 때문이다.

2. 임원 관점으로 제시하는 인성면접 4대 답변비법

　면접 기회를 잡은 지원자는 누구나 합격을 원한다. 답은 지원자 자신의 관점이 아니라 면접위원의 관점으로 생각하는 데 있다. 자신을 C타입으로 어필하기 위해서 4가지 방법이 필요하다. 이를 인성면접의 4대 비법이라고 부르자.

① 언행의 진실성
마음이 건강한 사람인가?

② 인간미 있는 독종
조직 적합성 + 성장 가능성

③ KKK 답변구조
대화가 통하는 사람인가?

④ 함정질문 탈출법
회사와 같이 갈 사람인가?

[C타입이 되기 위한 4대 답변비법]

① **언행의 진실성** : 마음이 건강한 사람임을 전달하자.
② **인간미 있는 독종** : 조직 적합성과 성장 가능성을 각인시키자.
③ **KKK 답변구조** : 대화가 통하는 사람이라는 것을 어필하자.
④ **함정질문 탈출법** : 회사와 같이 갈 사람이라는 점을 설득하자.

4대 답변비법에 대한 설명과 사례를 이어가보자.

3. 4대 답변비법 1 : 언행의 진실성 전달

앞에서 면접위원들이 검증하는 것이 '인간미 있는 독종'이라고 정의했다. 인간미에는 겸손과 소통이란 의미도 포함되어 있고, 독종에는 근성과 열정도 포함되어 있다. 그러나 많은 지원자들이 놓치는 더 중요한 키워드가 있다. 바로 '언행의 진실성'이다. 언과 행에서 진실성이 전달되어야 합격선 위로 올라갈 수 있다.

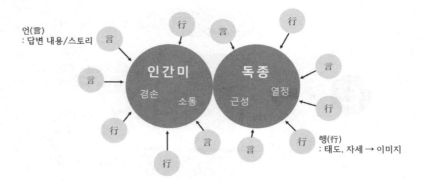

[언행의 진실성]

언(言)은 답변의 내용, 경험의 스토리를 의미하고 행(行)은 답변하는 태도, 자세 등을 통해 나타나는 이미지를 의미한다. 면접위원이 지원자의 답변을 들으면서 '이 지원자는 나에게 진실을 전달하려고 노력하고 있구나!' 라고 느껴야 한다는 것이다. 이것이 언행의 진실성이다.

거짓말을 해서 진실성이 흔들리는 지원자는 많지 않다. 자신이 솔직하게 답변하더라도 면접위원 관점에서 진실성이 흔들리는 경우는 다음과 같다.

① 총알답변과 단답형 답변(지원자들이 많이 저지르는 2가지 실수)
② 모범답변(정답만 말하려는 지원자)
③ 자신감 없는 답변(압박질문에 위축)

중요한 내용인데 이해하기 어려운 측면이 있으니 자세히 설명해보자.

① **총알답변과 단답형 답변** [▶ p.74 2가지 NO답변으로 연결]

○ **총알답변** : 면접위원의 질문이 끝나자마자 답변을 시작하는 경우이다.

  – 총알답변이 많아지면 면접위원은 "암기한 답변을 하는구나." 또는 "진실성이 전달되지 않네."라고 생각하게 된다.

○ **단답형 답변** : 간단하게 한 문장으로 답변을 끝내는 경우이다.

  – 단답형 답변이 계속되면 면접위원은 "같이 일하기 답답한 사람이군." 또는 "꼬리질문으로 압박해볼까?"라고 생각하게 된다.

② 모범답변

  ◉ 미리 준비된 내용만 반복적으로 답변하는 경우이다.

  ◉ 면접을 준비할 때 모범답안을 어느 정도 숙지하면 좋지만, 모든 질문에 미리 정해
    놓은 답변을 막힘없이 말한다면 면접위원이 의구심을 품을 수 있다.

  ◉ 면접은 상호간의 대화인데 이미 준비해놓은 답변만 늘어놓으면 면접위원은 지원
    자와 진솔한 대화를 할 수 없다고 느끼게 된다.

③ 압박질문에 위축되는 지원자

  ◉ 압박질문을 했을 때 목소리가 작아지거나 떨리는 경우이다.

  ◉ 지원자가 예상하지 못한 질문일 가능성이 높기 때문에 주어진 시간 안에 정확하
    게 답하기란 쉽지 않다. 면접위원도 이를 감안하고 답변을 들으려 한다. 하지만
    지원자가 지나치게 당황해하면 자신감이 부족하다고 느껴 진실성을 전달하기 어
    려워진다.

　　면접에서의 답변은 제일 먼저 진실성이란 토대가 튼튼해야 한다. 그 토대
위에 인간미와 독종을 쌓아야 합격할 수 있다. 지원자가 아무리 인간미 있
는 독종을 어필하더라도 진실성이 묻어나지 않으면 공허한 메아리가 될 뿐
이다.

4. 4대 답변비법 2 : 인간미 있는 독종

　　앞에서 A타입과 B타입 지원자에 대해 이야기했다. 이 같은 지원자의 성
격에 따라서 덧셈과 뺄셈이 필요하다.

  ◉ A타입 지원자라면 독종 이미지는 빼고 인간미 이미지를 더해야 한다.
  ◉ B타입 지원자라면 인간미 이미지는 빼고 독종 이미지를 더해야 한다.

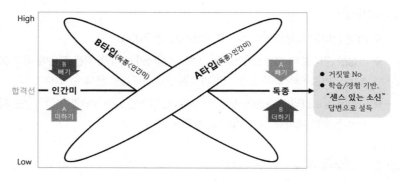

[인간미 있는 독종]

이 같은 덧셈과 뺄셈을 통해 C타입 이미지를 어필해야 합격선에 다가설
수 있다. 덧셈과 뺄셈은 필요할 때 거짓말을 하라는 의미가 아니다. 여러분
의 노력, 즉 학습/경험을 기반으로 센스 있는 소신 답변을 하여 면접위원을
설득하라는 의미이다. 여러분의 학습/경험이 어디 있는가? 바로 여러분이
제출한 이력서와 자소서에 기술된 내용이 정답이다.

5. 4대 답변비법 3 : KKK 답변구조

답변을 할 때는 KKK 구조를 활용하여 대화가 통하는 사람이라는 것을
어필해야 한다. 이는 결론(1K) → 근거(2K) → 강조(3K)의 순서로 답변하
는 방법을 말한다. 결론을 먼저 제시하고, 결론에 대한 근거를 설명한 다음,
다시 강조하면서 마무리하는 것이다.

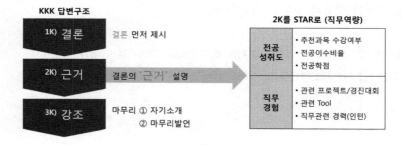

[KKK 답변구조]

KKK 답변구조는 왜 필요하며, 어떻게 활용하는지 자세히 살펴보자. 보통 대기업 면접에서는 40~60초로 간결하게 답변해주는 것이 좋다. 간단명료하게 핵심을 짚어주는 지원자가 좋은 평가를 받기 때문이다. 가능하면 1K → 2K → 3K 순서로 답변을 구성하도록 하자.

- ⊙ [1K] 결론 : 60초 답변을 가정하면 10초(1문장)
  - 먼저 결론을 확실하게 제시하면 설명이 꼬이는 것을 방지할 수 있다.
  - 결론을 먼저 말하면 그 뒤의 설명이 다소 꼬이더라도 충분히 극복할 수 있다.
- ⊙ [2K] 근거 : 40초(3~5문장)
  - 결론의 근거를 구체적으로 설명하되, 가능하면 경험을 활용하자.
  - 근거가 중요한 이유는 면접위원이 믿는 것은 경험이기 때문이다.
  - 1K의 결론을 진정성 있게 전달하려면 2K의 근거가 뒷받침되어야 한다.
- ⊙ [3K] 강조 : 10초(1문장)
  - 자신의 성장 가능성을 강조하거나 결론을 재강조하면서 마무리한다.

여기서 제일 중요한 부분은 2K인 근거다. 근거는 가능하면 직무역량을 활용해 답변하는 것이 좋다. 직무역량이야말로 지원자가 내세울 수 있는 가장 강력한 경쟁력이기 때문이다. 직무역량은 크게 전공성취도와 직무경험으로 구분하면 된다.

필자는 여기서 1K → 2K 답변구조만 제대로 연습하라고 제언한다. 3K는 생략해도 무방하다. 실제 면접에서 모든 답변을 1K → 2K → 3K로 구성하는 것은 어렵다. 그러니 1K → 2K만 정확히 전달하면 된다. 단 다음 2가지는 3K까지 준비하고 답변하는 것이 좋다.

- ⊙ 1분 자기소개 : 55초 분량으로 준비한다. [▶ p.56 자기소개로 연결]
- ⊙ 마무리 발언 : 30초 분량으로 준비한다. [▶ p.76 마무리 발언으로 연결]

6. 4대 답변비법 4 : 함정질문 탈출법

함정질문은 크게 갈등상황 제시질문, 인성검사 검증질문으로 구분되는데, 질문에 대응하는 방식이 각각 다르다. 2가지 함정질문에 대한 답변방법을 각각 알아보도록 하자.

[함정질문 탈출법]

(1) 갈등상황 제시질문의 탈출법

갈등상황 함정질문은 지원자의 조직관/로열티, 기업관, 노사관을 평가하기 위한 질문이다. 회사 생활에서 직면할 수 있는 갈등상황을 제시하고, 지원자의 대응방안을 묻는다. 질문 내용에 따라 3가지 주제로 구분된다.

- ◉ 이상 vs 현실 : 이상과 현실이 부딪히는 갈등상황
  - – 대기업의 특성상, 질문 가능성이 크지 않다.
- ◉ 조직 vs 개인 : 조직의 요구와 개인의 생각이 부딪히는 갈등상황
  - – 지방(비연고지) 근무, 다른 직무 배치 등과 관련된 질문이 많다.
- ◉ 상사 vs 부하 : 상사의 지시와 부하로서의 수행이 부딪히는 갈등상황
  - – 발생 가능성이 가장 큰 만큼 질문 빈도가 가장 높다.

갈등상황 제시질문의 답변은 인성검사에서 경험한 상황판단력 문제의 선택기준을 활용하면 된다. 정답은 없지만 어떤 선택은 Best(또는 Most) 답변이 되고, 어떤 선택은 Worst(또는 Least) 답변이 되는지 판단하는 것이다. [▶ p.147 갈등상황 제시질문으로 연결]

[▶ p.147 갈등상황 제시질문으로 연결]

- ◉ Best 답변 : 절충안 제시
  - 먼저 조직요구를 수용하되, 자신의 의견도 포기하지 않는 답변이 좋다.
- ◉ Worst 답변 : 극단적 선택
  - 지나치게 이상적인 또는 개인적인 생각을 고집하거나, 회사의 요구를 무조건적으로 수용하는 답변은 피하는 것이 좋다.

(2) 인성검사 검증질문의 탈출법

인성검사 결과 부적합한 항목이 체크된 경우, 이를 검증하기 위한 질문이다. 인성검사 결과는 직무수행특성, 직무수행 방해특성으로 구분된다.

- ◉ 직무수행특성 : 직무를 수행하는 데 필요한 특성
- ◉ 직무수행 방해특성 : 직무를 수행하는 데 부정적으로 작용하는 방해특성

이 가운데 주로 직무수행 방해특성이 체크된 지원자에게 질문한다. 인성검사 검증질문의 답변에서 가장 중요한 포인트는 '진실성이 있느냐, 없느냐'이다. Best 답변과 Worst 답변을 참고하자. [▶ p.156 인성검사 검증질문으로 연결]

[▶ p.156 인성검사 검증질문으로 연결]

- ◉ Best 답변 : 진실성 전달
  - 솔직하게 진실성을 전달하는 답변이 좋다.
- ◉ Worst 답변 : 방어적인 답변
  - 억지나 변명처럼 들리는 답변은 안 된다.

PART

2

인성면접

(3) 특이질문 탈출법

함정질문에 비해 강도는 약하지만 답변하기 어려운 특이질문이 있다. 특이질문은 다음과 같이 3가지 경우가 있는데, Best 답변과 Worst 답변을 알아보자. [▶ p.161 특이질문으로 연결]

Best (또는 Most)	키워드	Worst (또는 Least)
• 인정 • 보완/극복 위한 노력	변명하고 싶은 질문	• 변명 • 장황한 설명
• 질문에 맞장구 치기 : 둘 다 필요하다 • 한 가지 선택 (1K) → 근거 제시 (2K) - 정답 없다 → 내 의견을 명확히 제시	양자택일 질문	• 답변을 주저하거나, 시간 끌기 • 극단적인 답변

• 1st 답변이 Best : 적극성 어필
  - 답변이 다소 미흡하더라도 인정
• 2nd 답변도 Good : 동의를 구한 다음,
  - 1st 답변과 다른 키워드/내용으로
	아무나 먼저 질문	• 엉뚱한 답변
		• 눈치 보다가 포기

[약한 압박질문 탈출법]

① 변명하고 싶은 질문 : 지원자의 약점을 묻는 질문이 해당된다.
- ◉ Best 답변 : 먼저 약점을 있는 그대로 인정하고, 이를 보완/극복하기 위해 어떤 노력을 했는지 어필한다.
- ◉ Worst 답변 : 약점을 방어하기 위해 변명식으로 장황하게 설명하면 안 된다.

② 양자택일 질문 : A와 B, 둘 중 하나를 선택하라는 질문이다.
- ◉ Best 답변 : 질문에 맞장구를 치고, 둘 다 중요하다는 전제를 내린다.
  - 그 다음에 지원자 입장에서 한 가지를 선택하고, 1K → 2K 구조로 답변하는 것이 좋다. 정답이 없는 질문이기 때문에 자신의 의견을 명확히 제시하면 된다.
- ◉ Worst 답변 : 답변을 주저하거나 시간을 끌면 안 된다.
  - 또는 어느 한 쪽에 치우쳐 극단적인 선택을 하는 것도 좋지 않다.

③ 아무나 먼저 질문 : 다대다 면접의 경우, 모두에게 질문을 하고 준비되는 사람부터 답변하라는 형태이다.

◎ Best 답변 : 먼저 답변하는 것이 가장 좋다. 적극성을 어필할 수 있기 때문이다.
  – 답변의 내용이 다소 미흡하더라도 적극성을 인정받는 것이 중요하다.
  – 만약 첫 번째로 답할 기회를 놓쳤다면 두 번째로 답변하는 것도 좋다. 다만
    "저도 답변드려도 되겠습니까?"라고 동의를 구한 후 답변을 시작하자. 첫 번
    째 답변 내용과는 다른 내용으로 하는 것이 좋다.
◎ Worst 답변 : 엉뚱한 답변을 하거나 눈치만 보다가 포기하면 점수를 얻을 기회를
  잃게 된다.

인성면접에서 중요한 키워드를 살펴보았으니 이제 다음 Chapter부터는 인성면접의 구체적인 과정과 대응방법을 알아보도록 하겠다. 본격적인 설명으로 들어가기 전에 전체 흐름도를 보면 인성면접이 어떤 프로세스로 진행되는지 쉽게 알 수 있다.

[인성면접 프로세스]

인성면접은 5단계로 구분하여 생각하면 준비하는데 도움이 된다. 단계별로 인사팀 관점에서 체크하는 비밀이 숨어 있기 때문이다.

① 준비/대기 : 진행자의 주위사항을 듣고 참고한다.
② 입실 : 면접방식에 따라 준비가 다르고, 면접위원의 구성에도 비밀이 있다.
③ 1분 자기소개 : 이미지 구축 과정에서 가장 중요하고, 3가지 포인트가 있다.
④ 3단계 질문/답변 : 평가 키워드와 질문구조를 알고 답변을 준비해야 한다.
⑤ 퇴실 : 지원자가 퇴실하면 면접위원은 최종 평가를 한다.

지금부터 프로세스를 따라가면서 비밀을 파헤쳐보자.

인사팀이 제공하는 면접 가이드가 있지만 실제 면접실에서 이루어지는 면접위원의 질문은 아직 차이가 있다. 면접 가이드를 참고는 하지만, 아직도 면접위원의 개인기에 의존하는 경우가 많다. 실제 면접에서 이루어지는 질문의 구성은 대부분 3단계로 생각하면 된다. 3단계 흐름을 이해하고 숙지하자.

인성면접 단계별 합격전략

이제부터는 인성면접이 진행되는 과정을 순서대로 살펴보고 각 과정에서 지원자는 어떤 준비를 해야 하는지 알아보도록 하겠다. 면접의 첫 시작은 면접실로 이동하기 전의 대기시간과 본격적인 면접이 시작되는 입실 과정이다.

회사에 도착해서 면접실로 이동하기까지 일반적으로 1시간 이상 소요된다. 먼저 대기실에 모이면 진행자가 면접에 대한 안내를 한다. 면접의 진행순서, 면접별 시간, 면접 준비요령 등을 알려주는데, 시기별로 변경되는 내용도 있으니 잘 듣고 숙지해야 한다.

드디어 내 차례가 되면 면접실 앞으로 이동한다. 면접실 앞에서도 앞의 지원자가 끝날 때까지 5~10분 정도 기다리게 된다.

이때 중요한 것이 있다. 바로 1분 자기소개를 머릿속으로 리뷰해보는 것이다. 자기소개는 준비한 내용 이외에 1~2가지 내용을 리뷰하는 것이 좋다. 면접위원이 '돌발 자기소개'를 요구할 수도 있기 때문이다.

- 외운 내용 말고, 본인의 강점을 중심으로 자기소개를 해주세요.
- 준비하신 자기소개보다 오늘 어떤 생각을 하면서 왔는지 이야기해 주세요.

이러한 돌발 자기소개 요구에는 어떻게 대처해야 할지 뒤에서 자세히 소개하겠다. [▶ p.64 돌발 자기소개로 연결]

1. 입실부터 자리에 앉기

면접실에 입실하는 순간부터 면접은 이미 시작된 것이나 다름없다. 짧은 시간이지만 긴장되는 순간이므로 4단계로 구분해서 자세히 설명한다.

[입실부터 자리에 앉기]

① 1단계 : 입실하여 의자 앞으로 이동하기

 ◉ 노크하고 문을 열고 들어간 다음, 바로 문을 닫는다.

  - 문을 닫을 때 등보다는 가슴 쪽을 보여주는 것이 좋다.

 ◉ 문을 닫고 나서, 면접위원을 보고 가볍게 목례(15도)를 한다.

 ◉ 목례를 한 다음, 의자 앞까지 걸어가면서 밝은 인상을 보여주자.

② 2단계 : 인사하고 착석하기

 ◉ 의자 앞에 서서, "안녕하십니까? 지원자 ○○○입니다."라고 인사한다.

 ◉ 면접위원이 "앉으세요."하면 착석한다.

③ 3단계 : 씩씩한 자세 취하기
○ 엉덩이를 뒤로 빼서 씩씩한 자세를 취한다.
  − 허리를 세우고 어깨를 펴서 반듯한 자세를 유지한다.
  − 의자에 걸터앉는 자세는 면접위원에게 불안하게 보일 수 있다.
○ 남성의 경우, 쩍벌 자세를 조심하자.
  − 구두를 11자로 놓으면 자동적으로 쩍벌 자세를 방지할 수 있다.
○ 치마를 입은 여성의 경우, 치마 끝단이 무릎 위로 올라오면 손수건을 준비하자.
  − 손수건을 무릎 위에 놓으면 배려심과 에티켓을 어필할 수 있다.

④ 4단계 : 긴장 풀기
○ 자리에 앉으면, 심호흡을 하면서 긴장을 풀자.
○ 면접위원의 첫 번째 질문을 기다리면 된다.

지원자가 자리에 앉으면 면접이 본격적으로 시작된다. 자기소개부터 마무리 발언까지 이어지는 과정을 살펴보기 전에 인성면접이 크게 어떤 형태로 진행되는지 참고해보도록 하자. 인성면접은 진행방식에 따라 크게 2가지로 구분할 수 있는데 각각 어떤 특징이 있는지 알아야 그에 맞게 준비할 수 있다.

2. 2가지 면접방식 : 다대일 또는 다대다

면접방식은 크게 2가지, 다대일 방식과 다대다 방식으로 구분된다. 예전에는 다대다 면접을 보는 회사가 많았지만, 최근에는 많은 기업이 다대일 방식을 선호한다. 중요한 점은 면접방식에 따라 대응방법도 달라야 한다는 것이다. 지원자 입장에서 보면 답변 방법에서 다른 점이 많기 때문이다.

(1) 다대일 면접방식 : '나'만의 시간

1명의 지원자가 혼자 면접을 보는 다대일 방식은 다음을 참고해야 한다.

① 다대일 면접의 방식
- 총 면접시간(20~30분) 전체가 온전히 자신에게 집중된다.
- 많은 질문, 특히 꼬리질문을 통해 구체적으로 검증한다. 압박감과 긴장감이 클 수밖에 없다.
- 하지만 '나'만의 시간이라고 생각하면 차분하게 실력을 발휘할 수 있다.

② 다대일 면접의 어려움
- 나에게 모든 질문이 집중된다.
  - 정신적 압박감과 긴장감이 크다. 여유 없이 숨가쁘게 느껴지며 당황할 수 있다.
  - 질문 내용이 다양하고 꼬리질문을 통해 구체적으로 검증한다.

③ 다대일 방식에서 지원자가 참고할만한 면접 Tip
- 자신에게 집중해서 경쟁력을 어필한다.
  - 경쟁자의 답변에 신경 쓸 필요가 없으므로 나의 존재를 확실하게 각인시키면 된다.
  - 구체적인 꼬리질문에 잘 답변하면 면접위원을 설득할 수 있다.
- 초반에 실수해도 만회할 기회가 충분히 있다.
  - 나 혼자 답변하는 시간이기 때문에 중반 이후에 만회할 시간이 충분하다. 다대일 면접의 가장 큰 장점이다.
- 간결하면서도 구체적으로 답변하는 것이 좋다. 40~60초 답변을 권장한다.

(2) 다대다 면접방식 : '경쟁자'와의 시간

2~4명의 지원자가 동시에 면접을 보는 다대다 방식은 다대일 방식과는 다른 점이 많다.

① 다대다 면접의 방식

  ● 총 면접시간(30~60분)이 길더라도 1인당으로 치면 10~15분 정도로 짧다.
  ● 면접 현장에서 바로 우열이 가려지는 '경쟁자'와의 시간이다.

② 다대다 면접의 어려움

  ● 답변 순서에 따라 유리함이나 불리함이 발생한다.
  ● 선행 지원자의 답변 내용에 따라 자신의 페이스를 잃을 수 있다. 이를 극복하는 연습이 필요하다.
    – 자신의 생각과 동일하게 답변하면 고민된다. '나는 어떻게 답변하지?'
    – 자신의 생각보다 훌륭하게 답변하면 위축된다. '내 답변이 효과가 없겠네.'
  ● 초반에 실수하면 만회할 기회가 없다.
    – 나에게 주어진 시간이 짧기 때문인데, 다대다 면접의 가장 큰 어려움이다.

③ 다대다 방식에서 지원자가 참고할만한 면접 Tip

  ● 경쟁자와 비교해서 차별화된 경쟁력을 어필해야 한다.
    – 첫 답변부터 인간미 있는 독종 이미지를 강력하게 각인시켜야 한다.
  ● 경쟁자의 답변 내용을 참고하되, 같은 내용이라도 자신 있게 답변해야 한다.
    – "앞의 지원자와 같은 내용입니다만, …" 이런 말은 절대 꺼내지 말고, 처음 순서로 답변하는 것처럼 자신 있게 답변하라는 것이다.
    – 여유가 있다면 유사한 내용이라도 키워드(중요한 단어 몇 가지)를 바꿔서 답변하면 좋다.
  ● 간결하게 핵심만 답변하는 것이 좋다. 30~40초 답변을 권장한다.

　다대다 면접에서는 상황 판단이 필요할 때도 있다. 다른 지원자가 답변하지 못했을 때, 내가 대신 답변해도 되는지에 대한 문제이다. 질문에 대한 답을 알더라도 적합한 방법을 모르면 실행하기 쉽지 않다. 다음 2가지 경우에는 적극적으로 대신 답변해도 된다.

◎ 면접위원이 다른 지원자를 쳐다보지만 다른 지원자들이 별다른 반응을 보이지 않을 때,

　－ "제가 답변해도 되겠습니까?"라고 동의를 구한 뒤 답변한다.

◎ 면접이 후반으로 접어들었는데 스스로 아쉬움이 있을 때,

　－ 이때도 동의를 구한 뒤, 마지막 승부를 건다는 생각으로 답변한다.

3. 면접위원 구성의 비밀

　면접의 진행방식에 대해 알아보았다면 이번에는 여러분과 대화하는 면접위원들이 과연 누구인지 살펴보도록 하자. 일반적으로 면접위원은 3~4명으로 구성된다. 3명일 경우에는 기술임원 2명, 인사임원 1명으로 구성된다. 4명일 경우에는 기술임원 2명, 영업임원 1명, 인사임원 1명으로 이루어진다.

　각 면접위원은 역할을 정하고 질문영역을 나누어 질문한다.

◎ 인사임원 : 조직관/로열티 질문 → 전체 진행, 1분 자기소개, 마무리 발언
◎ 영업임원 : 품성/가치관 질문 → 경험 및 활동 내용에 관심
◎ 기술임원① : 열정/도전/창의성 질문 → 직무동기에도 관심
◎ 기술임원② : 리더십/소통/협업 질문 → 직무동기에도 관심

　중요한 점은 면접위원이 몇 명이든지 간에 인사임원은 반드시 포함되어 있다는 것이다. 이때 인사임원이 누구인지 알아두면 답변에 큰 도움이 된다. 면접 후반부에 물어보는 함정질문을 주로 인사임원이 하기 때문이다.

1. 라포 질문

지원자가 면접실에 입실하여 자리에 앉자마자 바로 자기소개를 시키지는 않는다. 보통 자기소개를 요청하기 전에 라포(Rapport; 친밀한 관계) 형성 질문을 한다. 대부분의 지원자가 긴장한 채로 면접위원의 질문을 기다린다. 긴장감이 높은 일부 지원자는 이로 인해 제 실력을 발휘하지 못하기도 한다. 라포 질문은 지원자의 긴장감을 풀어주고 부드러운 분위기를 만들어주기 위한 것이다. 라포 질문의 예시는 다음을 참조하자.

- (직무면접을 먼저 마친 경우) "직무면접은 잘 보셨나요?"
- "넥타이가 잘 어울리는데 누가 골라주었나요?"
- "집을 출발할 때, 부모님은 뭐라고 말씀하셨어요?"
- "우리 회사에 와보니 어떤 느낌인가요?"
- 다대다 면접에서는 개인별 라포 질문이 어렵기 때문에 당부하는 멘트로 시작한다.
  - "긴장을 풀고 자연스럽게 답변하시면 좋겠습니다."
  - "준비하신 만큼 의미 있는 시간이 되시면 좋겠네요."

이 같은 라포 질문에는 구체적으로 진지하게 답변할 필요가 없다. 간단하게 답변하되 다음의 몇 가지를 자체적으로 점검하면 좋다.

- 씩씩한 목소리로 간단하게 답변한다.
- 긴장을 풀고, 자신의 목소리 톤이 적절한지 점검한다.
- 면접위원과 눈을 맞추고 튜닝한다고 생각하면 된다.

2. 지원자들이 오해하고 있는 자기소개의 진실

라포질문 다음에는 면접자가 자기소개를 하는 시간이다. 자기소개는 대부분의 회사에서 면접을 진행할 때 필수적으로 포함시키는 과정이므로 따로 시간을 들여 준비해둘 필요가 있다. 하지만 자기소개는 그 내용이 개인적일 수밖에 없으며 정답이 존재하지 않기 때문에 지원자들이 오해하고 있는 부분이 많다. 1분이라는 짧은 시간에 어떤 내용을 어떻게 전달할지 고민이 많으니 어려울 수밖에 없다.

- ◉ **자기소개 의미**
  - 지원자들은 자기소개가 면접의 당락에 큰 영향을 끼친다고 생각해 부담감을 가진다. 면접의 시작인만큼 가장 중요한 부분으로 생각하는 것이다.
  - 면접위원 관점에서는 자기소개의 내용과 함께 첫인상을 중점적으로 본다. 신입사원에게 필요한 자신감 있는 이미지를 확인하려는 것이다.
- ◉ **자기소개 답변 방법**
  - 지원자 대부분이 자기소개를 완벽하게 암기해서 유창하게 말하려고 한다.
  - 그러나 면접위원은 외운 티가 나는 자기소개를 좋아하지 않는다. 경직된 자세로 외워서 말하기보다는 자연스럽게 대화하듯이 풀어나가는 것이 좋다.
- ◉ **자소서 내용으로 준비**
  - 지원자들은 면접위원이 자소서의 내용을 상세히 알고 있기 때문에 자기소개는 자소서에 없는 내용으로 새롭게 준비해야 한다고 생각한다.
  - 하지만 면접위원은 사전에 자소서를 충분히 읽어볼 시간이 부족하다. 지원자가 입실하기 전에 대략 훑어볼 뿐이다. 따라서 자기소개 내용을 별도로 준비하지 않고 자소서 내용으로 준비해도 충분하다.

3. 자기소개의 중요성 : 이미지 구축 곡선

면접에서 지원자의 이미지는 답변의 내용 못지않게 정말 중요하다. 그렇다면 여기서 말하는 이미지는 무엇을 의미하는 것일까? 국어사전에서 이미지는 다음과 같이 정의한다.

① 감각에 의하여 획득한 현상이 마음속에서 재생된 것
② 어떤 사람이나 사물로부터 받는 느낌

　면접에서의 이미지는 정의②로 면접위원들이 지원자에게 받는 느낌을 말하며, '인상'과 같은 의미로 생각하면 된다. 면접에서는 지원자의 이미지 또는 인상에 의해 합격과 탈락이 결정되기도 한다. 따라서 면접에서 질문에 어떤 답을 해야 할지 고민하는 만큼 어떤 인상을 심어줄지도 생각해봐야 한다.
　필자는 삼성뿐만 아니라 여러 회사에서 면접위원을 경험했다. 다양한 면접자들을 만나면서 지원자들의 이미지가 어느 한 순간에 느껴지는 것이 아니라 면접 전반에 걸쳐 파악되는 것임을 깨달았다. 그리고 이 과정을 쉽게 이해할 수 있도록 '이미지 구축 곡선'을 도식화했다. 지원자의 이미지는 면접 프로세스를 거치면서 단계적으로 구축된다. 그 과정을 면접위원의 관점에서 이해하는 것이 필요하다.

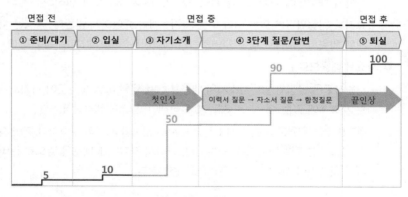

[이미지 구축 곡선]

① 준비/대기(5%) : 지원자의 서류를 보면서 갖게 되는 선입견이다.
② 입실(10%) : 입실하여 의자에 앉을 때까지의 모습을 본다.
③ 1분 자기소개(50%) : 처음으로 지원자의 자기소개를 들으며 앞의 지원자와 비교하게 되고 차별화된 '첫인상'을 갖게 된다.

④ 3단계 질문/답변(90%) : 첫인상을 확인하는 단계이다. 답변을 들으면서 첫인상이 맞다고 확신하거나, 혹은 첫인상이 틀렸다고 바꿀 수도 있다.
⑤ 퇴실(100%) : 마무리 발언을 들으며 끝인상으로 남겨둔다.

면접위원이 첫인상을 갖게 되는 1분 자기소개 단계가 이미지 형성에 중요한 역할을 한다. 그리고 여기서 구축된 인상에 따라 그 이후에 이어지는 질문의 내용이 달라지고 마지막 평가 단계까지 영향을 미칠 수 있다. 면접위원에게 만들어진 첫인상을 이후의 단계에서 바꾸기란 쉽지 않다. 따라서 면접을 준비하는 지원자는 1분 자기소개에서 어떤 이미지를 심어야 할지 포인트를 잡도록 하자.

4. 자기소개의 3가지 체크 포인트(면접위원 관점)

면접위원이 당신의 1분 자기소개를 들으면서 생각하는 3가지 포인트이다.

① 내용과 함께, 당신의 '첫인상'을 보겠다.
② 다른 지원자와 비교해서, 당신의 '차별화 포인트'는 무엇인가?
③ "질문거리를 달라" - 당신의 직무역량을 알고 싶다.

(1) 당신의 첫인상을 보겠다

면접 경쟁률은 회사에 따라 천차만별이지만 최종 면접의 경우 3배수 수준이다. 평균적으로 3명이 같이 면접을 보면 1명이 최종 합격한다고 보면 된다. 그만큼 면접위원들을 설득하기 어렵다.

면접위원들에게 자신을 '같이 일하고 싶은 후배'로 각인시키려면 어떻게 해야 할까? 제일 확실하고 용이한 방법은 다음의 2단계를 완성하는 것이다.

- 1분 자기소개에서 강렬한 '첫인상'을 심어주고,
- 3단계 질문/답변에서 첫인상이 맞다는 '확신'을 주자.

(2) 당신의 차별화 포인트는 무엇인가?

　1분 자기소개를 어떻게 해야 강렬한 첫인상을 각인시킬 수 있을까? 설득력 있는 내용과 함께 전체적으로 '인간미 있는 독종'이란 이미지를 주는 것이 정답이다. 당신의 표정, 목소리 톤, 말하는 속도, 시선 및 제스처 등이 종합적으로 어우러져야 가능하다.

- 표정 : 밝고 긍정적인 인상을 짓자.
  - 라포 답변을 할 때는 자연스러운 미소를 짓다가 1분 자기소개는 진지한 표정으로 시작하는 것이 좋다. 질문에 대한 답변을 할 때는 표정보다 답변 내용에 집중하는 것이 도움이 된다.
- 목소리 톤 : 씩씩한 목소리가 좋다.
  - 평소 목소리가 작다면 한 옥타브 높여서 답변하는 연습을 하자.
- 말하는 속도 : 아나운서가 말하는 속도를 기준으로 삼자.
  - 성격이 급한 면접위원은 말 속도가 느리면 답답한 지원자라고 느낀다.
- 시선 : 자신 있는 아이컨택으로 살아 있는 눈빛을 보여주자.
  - 아이컨택을 소심하게 하면, 면접위원이 신입사원다운 패기를 느끼지 못한다.
- 제스처 : 간단한 손동작도 연습하자.
  - 자신의 상체를 벗어나지 않는 범위에서, 강조할 때 손동작을 활용하자.

　지원자들이 어려워하는 시선처리(아이컨택)를 총 정리해보자.

- 아이컨택의 기본 : 면접위원의 눈보다는 코를 응시하는 것이 좋다.
  - 눈을 계속 쳐다보면 공격적으로, 목 아래를 보면 자신감이 부족하게 보인다.
  - 답변 내용을 고민할 때는 면접위원의 책상 위를 응시하는 것이 좋다.

- 모의면접을 해 보면 답변 내용을 고민하면서 위아래나 좌우를 보며 시선이 불안정한 지원자가 의외로 많다.
○ 1분 자기소개를 할 때, 중앙에 있는 면접위원을 응시하자.
- 여러 면접위원을 지나치게 둘러보면 인위적인 냄새가 난다.
○ 자신이 답변할 때, 질문한 면접위원을 보면서 답변하자.
- 다른 면접위원까지 보려고 신경 쓰지 말고 답변 내용에 집중하는 것이 좋다.
- 면접위원 쪽으로 몸과 고개를 약간(15도 범위 내) 돌리고 하는 것도 좋다.
○ (다대다 면접에서) 다른 지원자가 답변할 때, 주로 앞에 있는 면접위원을 보면서 경청하는 태도를 보여주는 것이 좋다.
- 특히 면접위원이 자기를 본다고 느껴지는 순간, 고개를 끄덕이는 리액션을 가끔 해주는 것이 좋다.

(3) 당신의 직무역량을 알고 싶다

면접위원과 지원자는 처음 만난 사이이다. 지원자는 1분 자기소개를 통해 면접위원에게 2가지를 알려주는 것이 좋다.

○ 자신을 소개 : 지원동기 = 나의 강점/경쟁력
○ 성장 가능성을 제시 : 지원하기 위한 나의 노력/성과

2가지를 제시하려면 자소서 내용을 활용해서 1분 자기소개를 하는 것이 좋다. 자소서 내용이야말로 지원자가 가장 어필할 수 있는 스토리이기 때문이다. 자소서는 크게 3대 주제로 구분할 수 있다.

○ 지원동기
○ 성장 가능성(경험) → 면접위원 관점에서 가장 좋은 질문거리
○ 포부

잘 쓴 자소서, 잘 쓴 지원동기에는 과거의 경험(성장 가능성), 즉 지원하기 위한 나의 노력이 담겨 있어야 한다. 면접위원은 말로만 떠드는 지원동기를 믿지 않는다. 지원자 누구나 말 포장으로 자신을 장식할 수 있기 때문이다. 면접위원이 믿는 것은 지원자의 과거 경험이다. 회사에 지원하기 위한 자신만의 노력은 누구도 모방할 수 없기 때문이다. 면접위원을 설득하려면 학습/경험을 통해 열정과 치열함을 어필해야 한다. 이 것이 곧 자기소개의 핵심이다.

5. 자기소개 Tip : 자소서 내용 중심으로 준비

막상 자기소개 내용을 구상하려면 쉽지 않은 게 사실이다. 어떤 내용을 활용해야 할지, 어떤 방식으로 구성해야 할지에 어려움을 느끼는 지원자들은 다음처럼 준비해보자. Worst 방법을 피하고, Best 방법으로 준비하는 것이 좋다.

① 다양하게 준비하자

- Worst : 1개 스토리에 올인하지 말자. 지원동기 스토리만 준비하면 위험하다.
- Best : 기본 구성은 지원동기 + 지원노력 + 포부
  - 성장과정, 전공역량, 장점/단점 등 스토리별로 준비하는 것도 좋다.

② 키워드 문장으로 정리하자

- Worst : 완성된 문장으로 정리하지 말자. 그리고 통째로 외우면 100% 실패한다.
- Best : 키워드 문장으로, KKK 구조로 정리하자.
  - 1K) 지원동기 → 2K) 지원노력 → 3K) 포부

③ 자연스럽게 연습하자

- Worst : 암기한 내용에 집중해서 책 읽는 로봇처럼 연습하면 안 된다.
- Best : 자연스럽게 대화하듯이, 씩씩한 목소리로 연습하자.
  - 상황에 맞춰 키워드를 활용하되 핵심 키워드는 반드시 포함시켜 연습하자.
  - 50초에 끝내는 분량으로, 간결하게 마무리하자.

6. 합격자의 1분 자기소개 Case

삼성전자 M사업부 공정기술에 지원한 D합격자의 자기소개 Case를 소개한다. 자소서 내용을 어떻게 활용했는지 살펴보자. [◀ p.14에서 연결] [▶ p.101로 연결]

1분 자기소개 Case

1 안녕하십니까! 포토공정 엔지니어로 기여하고 싶은 ○○○입니다.

2 이를 위해 소자, 공정, 광학이란 3가지 역량을 쌓았습니다.

3 첫째, 반도체 기본 이론을 배우고 1년간 TCAD를 이용해 메모리를 설계하며 소자 및 공정에 대한 역량을 쌓았습니다.

둘째, 광기술센터와 나노기술원에서 기하광학과 파동광학을 이수하며 빛의 회절을 중심으로 광학 역량을 쌓아왔습니다.

셋째, 반도체 설계교육센터에서 MOSFET 공정 교육을 받으며 공정 역량을 길렀습니다.

4 이같은 소자, 공정, 광학 역량을 바탕으로 Troubleshooting을 책임지겠습니다. 나아가 최고 효율의 포토공정을 만들어가는 엔지니어가 되겠습니다. 감사합니다.

1 도입부가 간결하다.

2 3가지 역량을 제시했다. (소자, 공정, 광학)

3 3가지 역량을 구체적으로 설명했다.
- Essay 4번의 키워드를 그대로 활용했다.
- 자신만의 지원노력을 통해 열정/치열함을 전달했다.

4 3가지 역량을 재강조했다.
- Essay 1번의 포부를 인용하여 마무리했다.

7. 돌발 자기소개 대처법

최근 면접위원이 돌발적으로 자기소개를 요구하는 경우가 많다. 모든 지원자가 자기소개를 준비하고 완벽하게 암기한다는 사실을 알기 때문에 예상외의 요구를 해서 지원자의 순발력을 보기 위한 것이다. 면접위원은 2가지 방법을 활용한다.

◉ 제한형 주제 : 원하는 내용을 명확히 제시
 – 외운 내용 말고, 본인의 강점을 중심으로 자기소개를 해주세요.
 – 본인의 직무역량을 중심으로 자기소개를 해주세요.
◉ 개방형 주제 : 원하는 내용을 자유롭게 제시
 – 준비하신 자기소개보다 오늘 어떤 생각을 하면서 왔는지 이야기해 주세요.
 – 우리 회사에 처음 왔을 텐데, 어떤 생각이 들었는지 말해주세요.

돌발 자기소개에는 어떻게 대응할 것인가? 당황하지 말고 센스를 발휘하면 된다. 초반에 면접위원이 요구한 주제를 이야기하고, 후반에 자신이 준비한 키워드를 전달하면 좋다. 이때 초반과 후반의 중간에 브릿지(연결) 문장을 활용하면 충분하다.

◉ 초반 30초 : 면접위원이 요구한 주제에 대해 이야기한다.
◉ 브릿지 문장을 한 다음, 후반 30초 내용으로 연결한다.
 – "그래서 저의 장점을 솔직하게 전달드리고 싶습니다."
 – "그런 의미에서 저의 본모습을 제대로 보여드리고자 합니다."
◉ 후반 30초 : 원래 준비한 자기소개의 키워드를 간결하게 전달하고 마무리한다.

돌발 자기소개 Case 1 : "외운 내용 말고, 본인의 강점을 중심으로 자기소개를 해주세요."

1️⃣ 제 강점은 '실행력'입니다.
그 근거로 2가지 사례를 말씀드릴 수 있습니다.

1️⃣ 요구내용에 적합한 키워드, 근거를 제시했다.

2️⃣ 하나는, 어머니 대신 학원을 운영한 결과 6개월 만에 원생을 150% 증가시키는 실행력을 발휘했습니다.

2️⃣ Essay 2번의 스토리를 활용했다.

3️⃣ 또 하나는, 반도체 엔지니어로서 실력을 갖추기 위해 3곳의 전문기관에서 역량을 쌓은 것입니다.

3️⃣ Essay 4번의 키워드를 활용했다.

4️⃣ '특히 반도체에 대한 열정과 실행력을 통해' 소자, 공정, 광학이란 3가지 역량을 쌓았습니다.
첫째, 1년간 TCAD를 이용해 메모리를 설계했습니다.
둘째, 광기술센터와 나노기술원에서 광학 역량을 쌓아왔습니다.
셋째, 반도체설계교육센터에서 MOSFET 공정역량을 길러왔습니다.

4️⃣ 브릿지 문장으로 3가지 역량을 강조했다.
- 원래 준비했던 3가지 경험을 간략하게 전달했다.

5️⃣ 이같은 소자, 공정, 광학 역량을 바탕으로 Troubleshooting을 책임지겠습니다. 감사합니다.

5️⃣ 3가지 역량을 재강조했다.
- 핵심 내용만 간략하게 어필했다.

돌발 자기소개 Case 2 : "준비한 자기소개보다 오늘 어떤 생각을 하면서 왔는지 이야기해 주세요."

1 인사하면서 여유 찾기

2 생각을 솔직하게 설명했다.
- 요구에 적합한 내용

3 입사하고 싶은 회사로 관점을 바꾸었다.
- 나의 노력도 어필했다.

4 브릿지 문장으로 주제를 전환시켰다.

5 원래 준비했던 3가지 역량을 강조했다.
- 3가지 경험을 간략하게 전달했다.

6 3가지 역량을 재강조했다.
- 핵심 내용만 간략하게 어필했다.

1 지원자 ○○○입니다.

2 오늘 면접장까지 오면서 긴장도 되고 걱정도 많았습니다. 어떻게 하면 저의 진심과 역량을 보여드릴 수 있을까 생각하며 왔습니다.

3 하지만 회사에 와보니 활기찬 분위기를 느낄 수 있었고, 이곳에서 저의 열정을 쏟아보고 싶다는 생각이 들었습니다.

동시에 그동안 이 자리까지 오기 위해 노력한 것들이 생각나 뿌듯해졌습니다.

4 '그래서 반도체 엔지니어가 되기 위해 쌓은 노력을 제대로 전달드리고 싶습니다.'

5 저는 소자, 공정, 광학이란 3가지 역량을 쌓았습니다.

첫째, 1년간 TCAD를 이용해 메모리를 설계했습니다.

둘째, 광기술센터와 나노기술원에서 광학 역량을 쌓아왔습니다.

셋째, 반도체설계교육센터에서 MOSFET 공정역량을 길러왔습니다.

6 이같은 소자, 공정, 광학 역량을 바탕으로 Troubleshooting을 책임지겠습니다. 감사합니다.

1분 자기소개 시간이 끝나면 면접위원이 질문하고 지원자가 그에 대해 답변을 하는 과정이 바로 이어진다. 이 때 면접위원들은 어떠한 기준을 가지고 면접자를 판단할까?

1. 인성면접 평가 키워드

인성면접의 평가 키워드는 4~5개로 구성되어 있다. 회사마다 조금씩 다르지만 신입사원을 선발한다는 목적은 동일하기 때문에 공통적인 키워드를 찾을 수 있다. 면접위원들이 보는 평가표에 적힌 평가항목이므로 공식적인 기준이다.

공식적인 평가항목		비공식 평가항목
평가항목	**세부 평가항목**	
품성/가치관	• 정직성, **도덕성**, 신뢰성 • 긍정적인 태도/가치관, **성실성**, 인내력, 겸손	**직무동기** 직무에 대한 열정/학습
열정/도전	• 열정, 적극성, **주도성** • **도전의식**, 목표의식, 성취욕구	
리더십/소통/협업	• 리더십, **친화력**, 배려심, 인간미 • **협조성**, 포용력, 팀워크	
조직관/로열티	• **조직관**, 기업관, 노사관 • 주인의식, 희생정신, **로열티**	**종합평가**

[인성면접 평가항목]

- 품성/가치관 : 지원자의 정직성과 신뢰성을 보고자 한다. 신입사원으로서 긍정적인 태도와 가치관을 가지는 것이 중요하다.
- 열정/도전 : 지원자가 얼마나 적극적이고 주도적인지를 보고자 한다. 뚜렷한 목표의식을 가지고 성취하고자 하는 욕구가 강하다는 것을 어필해야 한다.

PART

2

인성면접

- 소통/협업 : 인간미 이미지를 중점적으로 본다. 협조성을 가지고 팀워크를 발휘할 수 있는 지원자를 찾는다.
- 조직관/로열티 : 긍정적인 기업관과 노사관을 가지고 있는지를 보고자 한다. 회사에 주인의식을 가지고 희생정신을 발휘하려는 자세를 어필하는 것이 좋다.

여기에 직무동기를 추가로 검증한다. 임원들은 직무역량보다 직무동기를 중요시하기 때문이다. 일례로 삼성은 전문성을 2가지로 정의한다.

- 전문성① : 직무역량 - 직무에 대한 전문지식, 관련 경험
- 전문성② : 직무동기 - 직무에 대한 열정 및 학습, 관심과 흥미

직무동기를 통해 지원자가 얼마나 열정적으로 전문성을 준비해왔는지 평가한다. 기술임원은 엔지니어로서의 열정을, 영업임원은 세일즈맨으로서의 열정을 알고 싶어 한다. 이렇게 인성평가 키워드에 직무동기를 더해 최종적으로 종합평가를 하게 된다.

평가 키워드를 기준으로 어떤 포인트에서 탈락과 합격으로 갈라지는지 비교해보자.

탈락을 자초하는 키워드는 회사가 기피하는 키워드에서 찾아낼 수 있다. 최근에는 많은 기업이 인성검사를 중시하고 있는데, 인성검사 결과와도 연관성이 있다.

- 거짓말 : 답변이 변명처럼 들려서 진실성이 흔들리는 지원자
- 개인주의 : 독불장군처럼 개성이 강하고 자랑을 많이 하는 지원자
- 부정적인 조직관 : 조직 및 상사에 대해 부정적인 인식을 가진 지원자

반대로 합격으로 이끄는 키워드는 회사가 선호하는 키워드와 맥을 같이한다.

- 열정/독종 : 일에 대한 승부근성을 가지고 목표를 달성하는 지원자
- 리더십/성장 가능성 : 소통/협업, 팀워크 등을 통해 성장 가능성이 있는 지원자
- 긍정적인 조직관 : 조직 및 상사에 대해 긍정적인 인식을 가진 지원자

2. 3단계 질문구조

인사팀이 제공하는 면접 가이드가 있지만 실제 면접실에서 이루어지는 면접위원의 질문은 아직 차이가 있다. 면접 가이드를 참고는 하지만, 아직도 면접위원의 개인기에 의존하는 경우가 많다.

실제 면접에서 이루어지는 질문의 구성은 대부분 3단계로 생각하면 된다. 3단계 흐름을 이해하고 숙지하자.

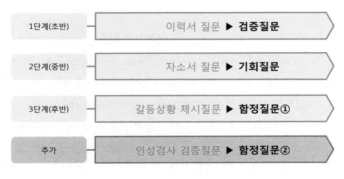

[3단계 질문구조]

보통 대부분의(70~80% 정도) 지원자는 3단계 질문에서 마무리가 된다. 그러나 소수의(20~30% 정도) 지원자는 추가 질문까지 이어진다. 바로 인성검사에서 체크된 지원자에게 묻는 함정질문이다.

- **[1단계] 면접 초반 : 이력서 질문**
  - 주로 이력서에 적힌 내용을 확인하는 질문이다.
- **[2단계] 면접 중반 : 자소서 질문**
  - 자소서 스토리를 확인하고 직무역량도 검증한다.
- **[3단계] 면접 후반 : 갈등상황 제시질문 = 함정질문①**
  - p.42에서 설명한 갈등상황 제시질문을 의미한다.
- **[추가] 면접 종료 전 : 인성검사 검증질문 = 함정질문②**
  - p.43에서 설명한 인성검사 검증질문을 의미한다.

최근 대기업 면접에서는 구조화된 질문을 하는 경향이 강하다. 면접위원의 개인기에 의존한 질문을 지양하고, 면접 가이드에서 제시하는 구조화된 질문을 하라는 것이다. 한 번의 질문으로 끝내지 말고 관련된 내용으로 3번 이상 질문하여 지원자를 구체적으로 검증하라는 것이다. 그래서 구조화된 질문을 꼬리질문이라고 부르기도 한다.

구조화 질문을 자소서 작성팁에서 설명한 STAR 기법과 연관지어 이해해보자. 면접위원들에게 제공하는 면접 가이드에 제시되어 있는 실제 사례를 보자.

- 질문 1 : 지금까지 한 일 중에서 가장 어려웠던 일은 어떤 것입니까?
- 질문 2 : 그 일에 도전하게 된 구체적인 상황은 무엇인가요? ▶ Situation
- 질문 3 : 가장 어려웠던 과제의 문제점은 무엇이었나요? ▶ Task
- 질문 4 : 문제점 해결과정을 구체적으로 설명해 주세요. ▶ Action
- 질문 5 : 그 일의 최종 결과와 지원자가 얻은 교훈은 무엇인가요? ▶ Result

STAR 기법으로 질문하면 지원자의 경험에 대해 심층적으로 평가할 수 있다. 그 경험이 사실인지, 해결방안을 어떻게 도출했는지, 행동이 도전적이었는지, 경험을 통해 배운 점은 무엇인지 등을 검증할 수 있다.

3. 면접위원의 2가지 평가기준

지원자 입장에서는 면접위원의 질문의도를 파악하는 것이 중요하다. 질문의도에 적합한 답변이 면접위원의 좋은 평가를 이끌어낼 수 있기 때문이다. 면접위원 관점으로 보면, 질문 내용에 따라 2가지 평가기준이 있다.

- Good or Bad : 이력서 및 자소서 질문의 답변에 대한 평가기준
- Right or Wrong : 함정질문의 답변에 대한 평가기준

면접위원은 당신의 답변을 어떤 기준으로 평가할까? 면접위원마다 성격이 다르기 때문에 평가기준이 다양하지만, 공통점을 뽑아낼 수는 있다. 바

로 면접위원의 경험이 답이다. 모든 면접위원은 조직생활을 20년 이상 경험한 사람들이기 때문이다.

✓ 우리 회사를 지원한 동기는 무엇인가?

✓ 상사가 불합리한 일을 시킨다면
어떻게 하겠는가?

[면접위원의 2가지 평가기준]

그림을 보고 차이점을 파악해보자. 전혀 다른 두 그림에 질문의도가 숨어져 있다. 하나는 Good or Bad, 또 하나는 Right or Wrong이다. 2가지 평가기준의 의미를 질문 내용과 연결시켜서 생각하면 이해가 될 것이다.

◉ Good or Bad
- "우리 회사를 지원한 동기는 무엇인가?" [▶ p.132 Case 13으로 연결]
- 이 질문에는 정답이 없다. 지원자 개인별로 생각과 의견이 다를 수 있다.
- (면접위원 관점에서) 지원자의 답변에 공감도가 높으면 평가점수가 높고, 공감도가 낮으면 평가점수가 낮다.

◉ Right or Wrong
- "상사가 불합리한 일을 시킨다면 어떻게 하겠는가?"
  [▶ p.152 Case 29로 연결]
- 이 질문에는 정답이 있다. 면접위원 관점에서 정답이 있다는 의미이다. 조직에서 발생할 수 있는 갈등상황에 대한 의견을 묻는 것이기 때문이다.
- (면접위원 관점에서) 지원자의 답변이 적합하게 느껴지면 합격군으로 분류하고, 부적합하게 느껴지면 탈락군으로 분류한다.
- 이러한 함정질문은 질문 수는 적지만 평가에 미치는 영향은 훨씬 크기 때문에 신중하게 답변해야 한다.

1. 3단계 답변 준비

면접위원들이 3단계로 구조화된 질문을 하기 때문에 지원자들도 이에 맞게 대비를 해야 한다. 따라서 3단계 답변을 준비하는 것이 면접 준비에서 가장 중요한 핵심 내용이다. 제대로 이해하고 꼼꼼하게 정리하도록 하자. 답변은 크게 3가지 단계로 준비해야 한다.

① 먼저, 질문 리스트를 정리하자.
② 다음, 그 리스트에 맞는 답변 키워드를 작성하자.
③ 그리고, KKK 구조로 답변 연습을 하자.

	① 질문 리스트 정리	② 답변 키워드 작성	③ KKK 답변 연습
Worst 방법	• 무조건 많이 리스트 - 주제 구분없이	• 완성된 문장으로 작성 • 문장 통째로 외우기	• 암기한 내용 연습 - 꼬리질문에 당황
Best 방법	• 이력서+자소서 : 기본 - 면접위원 관점으로 질문거리 리스트 • 2가지 주제로 구분 - 부정적 vs 긍정적	• 키워드 문장으로 작성 - [1K] 결론 키워드 - [2K] 근거 키워드 ▶ 경험/의견 • 키워드 외우기	• 1K → 2K 답변 연습 - 키워드 연결 답변 - '암기한 티' 나지 않게 • 대표경험 : 5~7개 구체화 - STAR 기법 적용

[3단계 답변 준비]

예상 질문에 답변을 준비하는 과정에서 대부분의 지원자들이 Worst 방법을 사용하고 있다. 단계별로 Best 방법을 제시하겠으니 Worst 방법과 비교해 보자.

① 질문 리스트 정리

　○ Worst : 무조건 많은 질문 내용을 주제도 구분하지 않고 정리하는 것은 좋지 않다. 답변을 준비할 때 경험이나 생각에 대한 일관성 있는 정리가 어렵다.

- Best : 이력서와 자소서가 질문의 기본이다. 이력서/자소서 내용을 바탕으로 면접위원의 관점에서 질문 리스트를 정리하자.
  - 이때 주제를 구분하여 도출하는 것이 좋다. 부정적으로 물을 수 있는 질문, 반대로 긍정적으로 물을 수 있는 질문으로 구분하면 된다.

② 답변 키워드 작성

- Worst : 답변을 완성된 문장으로 작성하는 것은 좋지 않다. 더 심각한 실수는 문장 전체를 통째로 외우는 것이다. 지원자들이 가장 많이 저지르는 실수이다.
  - 이런 지원자는 예상하지 못한 질문을 받으면 당황해 제대로 답변하지 못한다.
- Best : 답변을 키워드 문장으로 작성하는 것이 좋다. KKK 구조를 활용해 답변할 수 있도록 각각의 키워드(핵심단어)를 작성하자.
  - 1K의 결론 키워드, 2K의 근거 키워드만 작성하면 된다.
  - 3K의 강조는 생략해도 무방하다.

③ KKK 구조로 답변 연습

- Worst : 암기한 내용을 그대로 기억해내서 답변하는 연습은 좋지 않다. 꼬리질문에 당황하게 된다.
- Best : 1K → 2K 구조로 답변하되 키워드를 연결해서 답변하는 연습을 하자. 암기한 티가 나지 않게 답변하는 연습도 필요하다.
  - 중요한 대표경험을 5~7개 선정하고 STAR 기법으로 키워드를 정리하면 도움이 된다.

2. STAR 기법 : 대표경험 구체화

지원자 입장에서는 STAR 기법으로 답변준비를 하는 것이 중요하다. 특히 자신의 대표경험을 5~7개 선정하고, 대표경험의 스토리를 STAR 기법으로 구체화하자. 그러면 면접위원의 어떠한 질문에도 당황하지 않고 답변할 수 있다. 자소서의 경험 스토리를 STAR 기법으로 작성하라는 것과 같은 맥락이다.

- S(상황) : 자신에게 주어진 상황 혹은 달성 목표는 무엇인가?
- T(과제) : 그 상황에서 해결해야 하는 과제는 무엇인가?
- A(행동) : 그 과제를 달성하기 위해 실행으로 옮긴 행동은 무엇인가?
- R(결과) : 그 행동의 결과는 무엇이고 어떤 교훈을 얻었는가?

[대표경험 구체화 : STAR 기법 활용]

3. 2가지 NO답변(총알답변, 단답형 답변) : KKK 답변구조로 극복

지원자들이 면접에서 가장 많이 저지르는 실수가 총알답변과 단답형 답변이다. 면접에서 긴장하거나 당황할수록 실수할 수 있는 답변이라서 '2가지 NO답변'이라고 이름을 붙였다.

첫째, '총알답변'을 해서는 안 된다. 면접위원의 질문이 끝나자마자 바로 답변을 이어가는 유형이다. 간혹 면접위원의 질문이 끝나기도 전에 본인의 답변을 시작하는 경우가 있는데 더욱 좋지 않다. 총알답변을 할 경우, 면접위원은 암기한 답변을 한다고 느끼게 되고 진실성 전달에 실패하게 된다. 심지어 면접위원에게 건방지고 성급한 사람이라는 인상을 줄 수 있다.

둘째, '단답형 답변'도 해서는 안 된다. 간단하게 한 문장으로만 답하는 유형이다. 단답형 답변이 계속될 경우, 면접위원 관점에서는 같이 일하기 답답한 사람으로 느껴질 수 있다. 입사에 대한 간절함이나 열정이 부족하고 소극적인 사람으로 생각되고, 심지어 꼬리질문으로 압박하고 싶은 마음을 갖게 된다.

이 두 유형은 서로 연관되어 있다. 보통 총알답변을 하는 지원자가 면접 후반부에 단답형 답변으로 나타나는 경우가 많다. 실제로 탈락을 자초하는 2가지 NO답변을 방지할 수 있는 가장 확실한 방법이 바로 KKK 답변구조이다. 일단 면접위원의 질문을 끝까지 듣고, 1~2초 생각한 후, KKK 구조로 답변을 시작하는 방법이다.

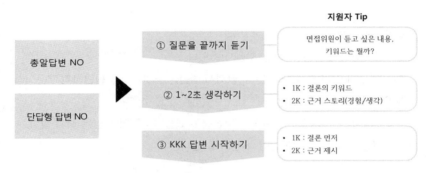

[2가지 NO답변 : KKK 답변구조로 극복]

① 질문을 끝까지 듣기
- 마음을 집중해서 질문을 끝까지 듣는 연습을 하자.
- 질문을 들으면서 질문의도가 무엇인지 생각하자. 면접위원이 듣고 싶은 내용이 무엇일지 빠르게 정리한다.

② 1~2초 생각하기
- 1K의 결론 키워드를 생각한다.
- 동시에 2K의 근거 스토리는 어떤 내용으로 할 것인지 생각한다.

③ KKK 답변 시작하기
- 먼저 결론을 간결하고 명확하게 제시한다.
- 다음에 근거를 세부적으로 설명한다.
- 3K는 생략해도 무방하니 1K와 2K만이라도 정확히 답변하는 연습을 하자.

06 퇴실

1. 마무리 발언

면접 말미에 마무리 발언 기회를 준다, "끝으로 하고 싶은 말이 있으면 하세요." 할 것인가? 말 것인가?

- **안 해도 그만?**
  - "특별히 없습니다." 하는 지원자도 있다.
  - 마무리 발언은 꼭 해야 한다. 끝까지 최선을 다하는가를 판단하기 때문이다.
- **안 하는 것보다 못한 말**
  - "뽑아만 주시면 무슨 일이든 열심히 하겠습니다." 이런 말은 하지 말자.
  - 주관이 없고 열정도 없는 사람으로 인식된다.

지원자 스스로 면접 분위기를 판단하여 마무리 발언을 결정하는 것이 좋은 방법이다.

- **아쉬운 점이 명확할 때 : 덧셈과 뺄셈을 하자.**
  - A타입 지원자라면 인간미를 강조하고, B타입 지원자라면 독종을 강조한다.
  - 직무역량 어필이 부족했다면 직무역량 키워드를 간결하게 강조한다.
- **판단하기 어려울 때 : 성장 가능성을 재강조하자.**
  - 입사의지와 포부를 재강조한다.
  - 1분 자기소개의 키워드를 재강조해도 된다.
- **질문이 있으면 하라고 할 때 : 마무리 발언으로 대체하자.**
  - 면접위원은 누구나 질문 받기를 좋아하지 않는다.
  - 예의상 하는 말이라고 생각하고, 마무리 발언으로 대신하자.

2. 인사하고 퇴실

"이것으로 면접을 마치겠습니다. 수고하셨습니다.", "이제 나가셔도 됩니다." 면접위원이 이런 말을 하면 면접이 끝난 것이다. 의자에서 일어나 인사를 하고 면접실을 나가면 된다.

이때 인사만 하지 말고 짧게 감사를 표시하고 퇴실하는 것이 좋다. 마무리 발언과 함께 끝인상을 결정하기 때문이다.

- ○ "편안한 분위기를 만들어주셔서 고맙습니다."
- ○ "많이 긴장했는데 덕분에 잘 마칠 수 있었습니다. 감사합니다."

면접위원 관점에서 합격과 탈락의 중간으로 평가한 지원자라면 끝인상이 정말 중요하다. 지원자의 진심이 담긴 끝인상을 보고 평가등급을 한 단계 올려서 합격군에 포함시킬 수 있다. 면접실을 나와서 문을 닫을 때까지 최선을 다하자.

3. 평가

(1) 평가 등급 : 5단계 또는 7단계

지원자가 퇴실을 하면 면접위원들에게는 마지막 남은 단계가 있다. 바로 지원자를 평가해 합격인지 탈락인지를 판단하는 것이다. 평가등급은 보통 5단계나 7단계로 이루어진다. C등급을 평균으로 볼 때 S, A, B 등급을 받으면 합격군으로 분류된다. 반대로 D, E, F 등급을 받으면 탈락군으로 분류된다.

평가 등급			판단 기준
A	S	적극추천	√ 반드시 합격시켜야 하겠다
A	A	매우추천	√ 합격시키고 싶다
B	B	추천	√ 가능한 합격시키고 싶다
C	C	보통	√ 판단하기 어렵다
D	D	비추천	√ 가능한 불합격 시키고 싶다
E	E	매우비추천	√ 불합격 시키고 싶다
E	F	적극비추천	√ 반드시 불합격 시키고 싶다

[평가 등급 : 5단계 or 7단계]

　면접 점수에도 과락이 있을까? 많은 지원자들이 궁금해 하는 비밀이다. 기업마다 구체적인 기준은 다르겠지만 일반적으로 과락이 존재한다. 위의 표에서 보통인 C등급의 판단기준을 보자. C의 판단기준은 '판단하기 어렵다'이다. 바꿔 말하면 C 이하를 받으면 일단 탈락군으로 분류된다. 결국 C 이하를 받으면 과락이란 의미이다.

(2) 면접위원이 점수를 체크하는 기준

　면접위원은 7단계 평가등급 가운데 평균인 C평가(보통)를 기준으로 삼아서 평가등급을 결정한다. 먼저 C평가보다 상위이면 B평가(추천), 더 상위이면 A평가(매우추천), 탁월하면 S평가(적극추천)를 한다. 반대로 C평가보다 하위이면 D평가(비추천), 더 하위이면 E평가(매우비추천), 절대 탈락이면 F평가(적극비추천)를 한다.

(3) 평가 절차

평가는 2단계를 걸쳐 이루어지는데, 대부분 노트북 컴퓨터에 내장된 프로그램 안에서 진행된다. 먼저 각 키워드별로 평가등급을 선정하고, 다음으로 종합평가를 확정하면 마무리된다.

평가항목	관찰사항 (기술)	평가(예시)
인성/가치관		A
열정/도전		B
리더십/소통/협업		A
조직관/로열티		S

	종합 기술	평가(예시)
종합평가		S A → 최종 A 등급 B

[평가절차 : 항목별 평가 → 종합평가]

- 면접 중에 평가항목별로 평가등급을 선정한다.
  - 위 그림의 예시처럼 4가지 평가항목별로 A, B, A, S와 같이 평가등급을 매긴다.
- 지원자가 나가면 면접위원 간에 간단한 의견 교환을 한다.
- 종합평가 항목을 클릭하면, 4가지 항목의 평가 결과를 반영하여 선택할 수 있는 3가지 등급이 나타난다.
  - 예시의 경우 S, A, B 라는 3가지 등급이 나타난다.
  - 평균적으로 가운데 등급인 A를 클릭하면 종합평가로 확정된다.

종합평가를 확정할 때 면접위원에게 남아있는 지원자의 이미지가 큰 영향을 준다. 그에 따라 평가등급이 한 단계 올라갈 수도 있고, 반대로 내려갈 수도 있다. 따라서 인간미 있는 독종 이미지를 제대로 전달해야 합격에 다가설 수 있다.

필자는 지원자들에게 면접복기를 해서 활용하는 것이 중요하다고 강조한다. 면접위원의 관점에서 질문의 흐름을 살펴보고 객관적인 입장에서 답변의 내용을 점검해보면 잘한 점과 아쉬운 점을 파악할 수 있다. 이를 토대로 다음 기회의 면접을 준비하면 큰 도움이 된다.

인성면접 면접복기 :
탈락자 vs 합격자 Case

'면접복기'라는 용어는 필자가 만들었다. 면접을 마친 지원자가 회사를 나온 후, 질문과 답변 내용을 생각나는 대로 정리한 것을 말한다. 바둑 고수들이 대국이 끝난 후에 첫 돌부터 마지막 돌까지 차례대로 복기하는 것과 같다.

면접복기는 다음과 같은 방법으로 하면 된다.

- **면접 후에 가능한 한 빨리 생각나는 내용을 정리한다.**
  - 정확하게 생각나지 않는 내용은 키워드만 간단하게 적어도 좋다.
- **하루, 이틀 지나면서 문득문득 생각날 때마다 내용을 추가한다.**
- **질문의 순서도 중요하니 질문/답변의 순서까지 최대한 맞추면 된다.**

필자는 지원자들에게 면접복기를 작성해서 활용하는 것이 중요하다고 강조한다. 면접복기를 완성한 다음, 차분한 마음으로 2~3번 읽어보면 여러 가지 시사점을 확인할 수 있다.

- **면접위원의 관점에서 질문의 내용과 흐름을 파악할 수 있다.**
  - 이력서 질문이 무엇이고, 자소서 질문이 무엇인가?
  - 1분 자기소개 이후에 어떤 질문부터 시작했는가?
  - 면접위원 관점에서 질문의 의도가 무엇일까?
  - 면접위원 관점에서 나에게 궁금한 점이 무엇인가?
  - 검증하고자 하는 질문과 기회를 주는 질문의 차이는 무엇일까?
- **객관적인 입장에서 자신의 답변에 대해 판단할 수 있다.**
  - 답변이 질문의 의도에 적합한 내용인가?
  - 질문의 의도에 맞지 않는 부적합한 답변이 있는가?
  - 특정 질문에 대해 어떻게 답변했을 때 꼬리질문으로 연결되었는가?
  - 답변을 듣는 면접위원의 표정이나 반응이 어땠는가?
  - 중반 이후 답변을 듣는 면접위원의 관심도가 높았는가 낮았는가?

이처럼 면접위원의 관점에서 질문의 흐름을 살펴보고 객관적인 입장에서 답변의 내용을 점검해보면 잘한 점과 아쉬운 점을 파악할 수 있다. 이를 토대로 다음 기회의 면접을 준비하면 큰 도움이 된다.

면접위원은 특정한 한 가지 답변만으로 합격/탈락을 결정하지 않는다. 면접 전체의 흐름과 분위기가 중요하다. 면접은 면접위원과 대화하는 시간이고 대화 과정에서 면접위원이 느끼는 지원자의 이미지가 중요하기 때문이다.

이제부터 실제 면접복기를 읽어보자. 필자가 학생들에게 면접복기에 대해 피드백을 해준 내용을 보면서 관점의 차이를 이해하면 된다. 그리고 실제로 자신의 면접복기를 어떤 식으로 분석해야 하는지, 그 방법을 익혀보자.

탈락자 면접복기에서는 대부분의 학생들이 찾지 못하는 실수답변에 초점을 맞춰 분석하면 된다. 이어서 합격자 면접복기를 통해 어떤 답변이 면접위원을 설득했는지 포인트를 파악하자.

1. 지원자 생각은 합격 vs 면접위원 관점은 탈락
(A탈락자 : 삼성디스플레이 연구개발직무 지원)

(1) 면접복기 피드백

A지원자는 물리학을 전공하면서 학점 3.6으로 졸업한 평범한 대학생이다. 삼성 면접결과가 발표된 후 렛유인 카페에 다음과 같이 글을 올렸다.

> 인성면접 또한 지적받은 것 없이 저의 솔직한 모습들을 모두 보여드렸고, 압박형태로 들어온 질문도 잘 넘겼습니다. 분위기도 꽤나 웃으면서 진행하는 느낌이었습니다. 대기실에서도 다른 지원자들이 불안하다는 것과 다르게 저는 편안했기에 자신감이 생겼습니다.
>
> 이전의 면접 경험에서는 말을 더듬고 당황하던 저의 잘못된 모습이 보였었기에 어느 정도 탈락을 생각했지만, 이번에는 반드시 붙을 것 같았던 느낌의 면접이었기 때문에 충격이 너무 가시질 않습니다.
>
> 저는 이번 면접의 분위기나 답변 내용이 모의면접이나 면접 스터디 때와는 달리 매우 좋았었다고 생각했기 때문에 이번 불합격이 매우 충격이었고 문제점이 무엇인지도 감이 안 잡힙니다.

필자는 이 글을 읽고 상담을 자청했고, A지원자에게 면접복기를 작성해서 보내달라고 부탁했다. 그리고 직접 A를 만나서 필자가 분석한 결과를 전달했다.

직무면접에 대한 면접복기에서는 탈락 원인을 찾을 수 없었다. 디스플레이 엔지니어 출신의 선생님이 평가한 결과 90점 이상을 줄 수 있는 수준이었기 때문이다. 결국은 인성면접에 대한 면접복기에서 탈락 원인을 찾을 수 있었다.

- 지원자와 면접위원의 관점은 다르다. 이 관점의 차이를 이해하지 못했다.
- 지원자 입장에서는 솔직한 모습이 면접위원 관점에서는 답답한 모습이었다.
- 압박 형태로 들어온 질문도 잘 넘겼다고 생각했지만, 결정적인 실수답변이었다.
- 직무면접과 다르게 인성면접은 정답이 없는 대화이다. 평가를 하는 면접위원의 관점이 정답이나 마찬가지이다.

필자가 A지원자에게 전달한 면접복기에 대한 분석 내용을 읽어보자.

면접복기 상세 분석

1Q 자기소개 요청

1A 준비한 자기소개 말함

2Q 취미가 영화시던데 영화 한 편 추천해 주실래요?

2A 최근에 많은 영화를 보지는 못했지만 재미있게 봤던 앤트맨을 추천해드리고 싶습니다. 앤트맨이라는 히어로가 거대화, 혹은 소형화하며 악당과 싸우는 영화입니다.

1 3Q 그 영화에서 물리적으로 말이 안 되는 것이 있는데, 그것에 대해 말해주세요.

2 3A (바로 답변을 못하고, 잠시 생각한 후) 거기까지는 생각해보지 못했습니다.

3-1Q 자기소개 때 말하셨던 양자역학 관련해서 말이 안 될텐데요?

3-1A 아, 질량보존의 법칙에 맞지 않는 현상이 있습니다. 실제로 자동차를 소형화하여 달리는 장면이 있는데, 이때 속력이나 충격이 거대하게 작용하는 장면이 있었습니다.

1 물리학을 전공하고 앤트맨을 본 임원의 질문이다.
- 완벽하게 답변하지 못한 것이 탈락원인은 아니다.
- 라포질문과 유사한 질문이기 때문이다.

2 ( )는 당시 지원자의 생각이나 느낌을 표현한 것이다.

3-2Q 그것도 맞는데 부피에 대해서도 맞지 않는 걸로 생각할 수 있습니다. 보일-샤를의 법칙에 대해 아시죠?

3-2A 네, 면접관님의 의견도 맞는 것 같습니다. 감사합니다.

4Q 주로 영화를 보시는 건 공상과학 쪽인가 보네요?

4A 예, 어릴 적부터 학교에서 생기는 여가시간에 코어, 투모로우 같은 과학 영화를 즐겨보게 되었습니다.

5Q 저희 삼성디스플레이에는 왜 지원하셨나요?

❸ **5A** 저는 대학교 3학년 때 응용물리학 강의를 들으면서 과제로 World IT Show라는 전시회에 다녀왔습니다. 이때 삼성의 부스에도 다녀보았고 삼성에서 전시한 QLED TV, Curved Display, 투명 디스플레이 등을 보면서 디스플레이는 다양하게 발전하고 있다는 것을 느꼈고 디스플레이 산업에 지원하고자 생각하였습니다.

❹ **6Q** 그러면 삼성에는 왜 지원하신 거예요?

❺ **6A** 저는 선배들이 주로 디스플레이나 반도체 회사에 많이 가기 때문에 회사에 대한 소식을 접할 수 있었습니다. 특히 삼성에 다니는 선배는 저에게 삼성에는 교육이 엄청나게 많다고 알려주었습니다. 저는 학교를 다니면서도 QSRC라는 연구소에서 주관하는 세미나에 자주 참가하여 최신 기술의 트렌드가 어떤지 보는 것을 좋아했습니다. 앞으로 삼성에서도 이러한 교육들을 통해 함께 성장하고자 생각하여 삼성에 지원하였습니다. (준비했던 내용이라 무난하게 답할 수 있었습니다)

---

❸ **면접위원 관점에서 입사의지/열정이 느껴지지 않는 가벼운 답변이다.**
- 6Q의 꼬리질문으로 연결되었고, 6A의 실수답변을 초래했다.

❹ **최근 묻지 않는 질문**
- 5A의 답변으로 면접위원을 설득하지 못했기 때문에 받은 질문이다.

❺ **면접위원을 설득하지 못한 실수답변이다.**
- 회사는 교육시키려고 채용하지 않는다
- 최고의 채용목적은 성과창출이다.
- '학생티'나는 답변
→ 2nd 탈락원인

7Q 졸업을 유예하셨는데 그 기간 동안 무엇을 하셨나요?

6 7A 저는 물리학을 전공하며 발광원리 등은 배울 수 있었지만, 디스플레이에 대해 자세하게 공부할 수는 없었습니다. 저는 학교에서 취업성공패키지 지원을 통해 디스플레이의 공정이나 원리 등을 NCS 직무과정을 통해 공부하였습니다. (이 부분은 자소서에는 작성하지 않은 부분이라, 증명할 방법이 없어 옳은 답변을 한 것인지 모르겠습니다)

6 **NCS 직무교육은 잘한 답변이다.**

- 직무관련 연수사항은 이력서, 자소서에 반드시 기재해야 설득력이 높아진다.

8Q 삼성디스플레이에 입사하셔서 무슨 부서에서 일하고 싶으세요?

8A 디스플레이 공정에는 TFT, 증착, 봉지라는 공정 등이 있는데, 저는 이중 증착공정의 개발실에서 일하고 싶습니다.

8-1Q 물리학과가 증착공정이요?

7 8-1A (NCS 교육 받은 것을 증명해 보자는 생각으로) 제가 알기로는 현재 삼성디스플레이에서 사용하는 FMM을 이용한 증착기술은 대형화시 metal mask의 bow 현상으로 불량이 나온다고 알고 있습니다. 저는 증착공정에서 사용하는 새로운 기술을 연구하여 OLED의 대형패널 제작에 기여하고 싶습니다.

7 **8-1Q의 우려를 설득하기에 부족한 답변이다.**

- 불량 이슈보다 증착공정에서 일할 수 있는 근거(직무역량)를 설명하는 것이 좋다

9Q 가장 열심히 했고 힘들었던 프로젝트가 뭐죠?

8 9A 이과대 재학생 연구프로젝트 경진대회라는 대회에 참가하였을 때가 힘들었습니다. 저희는 정전소자의 성능을 향상시키는 연구를 진행하였는데, 정전소자의 부도체 부분인 polymer 물질을 만들 때 10시간 이상의 시간 동안 oven에서 경화를 해야 했기 때문에 많이 힘들었습니다. 저희는 연구실에서 자고 주말에 나오면서 실험을 진행하였고 최우수상을 수상할 수 있었습니다. (정확하게 기억이 안 나지만 라꾸라꾸 침대에 대해 얘기한 기억이 있음)

8 **STAR 기법으로 답변을 잘했다.**

- 주제/상황, 과제, 해결노력, 결과를 설명

10Q 당신이 싫어했던 팀원도 있었을 텐데 어떻게 해결 하셨나요?

10A 저는 시간약속을 못 지키는 팀원 한 명이 가장 싫었습니다. 저희는 연구결과에 대해 논의하기 위해 자주 회의를 하였는데 한 후배가 매번 회의에 지각하고 안 오는 것이었습니다.

저는, 이 친구가 왜 지각하는지 원인을 찾아보았고, 이 친구의 집이 멀어서 오전 회의에 참가하기 힘든 조건이었음을 알게 되었습니다. 저희는 회의 시간을 오후로 바꾸어 함께 진행할 수 있게 바꾸었고 실험도 함께 진행하면서 이전의 정보를 공유할 수 있게 하였습니다.

9 상사 vs 부하의 갈등상 황을 제시한 함정질문

9 **11Q** (그리고 압박질문 같은 느낌으로) 상사가 당신에게 부당한 지시를 시키면 어떻게 하실 건가요?

10 결정적인 실수답변
– 지원자 입장에서는 틀린 내용이 없지만, 면접위원 관점에서 '불법'으로 단 정한 것이 부적합하다
– 부당 vs 불법의 차이를 이 해하지 못했기 때문에 12Q에서 다시 질문

10 **11A** 저는 내린 지시가 불법적인 것이라면 하지 않겠습니다. 이것은 단기적으로는 이익이 될 수 있지만, 장기적인 시점에서 본다면 회사의 브랜드나 법 적문제 등으로 안 좋아질 수 있기 때문에 하지 않겠습니다.

12Q 그래도 살면서 부당한지 알지만 해야 할 경우도 있지 않나요? 그럴 땐 어떻게 하시겠어요?

11 원칙만 고집한다는 것을 확인시켜주는 답변
– 면접위원 관점에서 답답 한 지원자는 채용하지 않 는다
→ 1st 탈락원인

11 **12A** 분명 그런 일도 있을 수 있습니다만, 방금 말씀 드린대로 불법적인 일이라면 저는 하지 않았습니다. 마찬가지로 장기적으로 보면 안 좋은 일로 발전 될 수 있기 때문입니다.

13Q 마무리 발언을 듣고 마치겠습니다.

13A 준비한 마무리 발언

(2) 면접복기 피드백, 그 후의 이야기

필자는 질문의 의도와 답변의 아쉬움을 설명한 다음, 면접위원 관점에서 탈락원인을 3가지로 요약해주었다.

- ◉ 함정질문 탈출에 실패
  - 상사의 부당한 지시를 불법적인 것으로 단정해서 '하지 않겠다'고 답변
  - 대신에 긍정적인 조직관/로열티를 어필했어야 한다. [▶ p.151 상사와 부하의 갈등으로 연결]
- ◉ 지원동기에서 열정/치열함이 느껴지지 않은 답변
  - '교육이 엄청나게 많다. 교육을 통해 성장하고 싶다'는 가벼운 답변
  - 대신에 차별화된 직무역량과 치열하게 노력해온 학습/경험을 전달했어야 한다.
- ◉ 면접위원을 설득할만한 결정적인 '한 방'이 없다.
  - 전체적으로 무난한 답변, 평균적인 답변
  - 대신에 입사 후 성장 가능성을 지닌 지원자임을 설득했어야 한다.

그리고 2개월이 지난 어느 날, A지원자가 이메일을 보냈다. 상담을 마치며 필자와 약속한 합격선물을 보내준 것이다.

작년 하반기에 수업을 듣고 상담도 받았던 A입니다. 이번에 상반기를 노리며 공부하면서 나이를 생각하여 중견/중소기업에 지원하던 중 오늘 A반도체코리아에 최종 합격하였습니다.

당시 마음을 다잡을 수 있게 도와주셔서 정말 감사했고 그때의 조언들을 숙지하고 재도전을 하였기에 좋은 결과가 있었다고 생각합니다. 그때의 도움에 대해 다시한 번 정말 감사의 인사를 드리겠습니다.

선생님께서 도움을 주시는 여러 학생들이 계속해서 좋은 결과가 있길 바라며, 저도 열심히 일하도록 하겠습니다. 감사합니다!

---

2. 열정과 센스가 부족한 답변 때문에 탈락
(P탈락자 : SK하이닉스 양산기술직무 지원)

(1) 면접복기 피드백

P지원자는 산업공학과를 차석으로 졸업했을 정도로 학점이 높다. 그덕
분에 초반에 면접위원들에게 좋은 이미지를 심어주는 데 성공했다. 질문의
흐름도 긍정적인 분위기로 전개되었다.

하지만 중반 이후에 신입사원다운 열정을 보여주지 못했고 센스가 부족
한 답변을 했다. 면접위원의 질문의도와는 거리가 있는 답변이 많았다. 결
국 이를 극복하지 못하고 탈락의 고배를 마셨다. 다음은 필자가 피드백해준
3가지 탈락원인이다.

- ○ 입사하고 싶은 열정을 전달하는데 실패
  - − 대학원 진학과 취업에 대해 고민했다는 사실을 있는 그대로 설명했다.
  - − 회사 지원동기에서 열정/치열함이 느껴지지 않는다.
- ○ 질문의도에서 벗어난 답변으로 센스 부족
  - − 삼성전자라는 경쟁사 이름을 2번이나 언급했다.
  - − 면접위원이 질문하지도 않은 경쟁사의 강점을 설명했다.
  - − 하이닉스의 강점으로 현장에서 일하는 엔지니어와는 거리가 먼 '행복경영'
    을 어필했다.
- ○ 선택 질문에서 면접위원을 설득하는 데 실패
  - − 지방사업장 근무 가능성 질문에 대해 앞의 답변과 뒤의 답변이 달라서 일관
    성을 보여주지 못했다.
  - − 단답형 답변을 많이 했다. 결론만 이야기하고 근거를 설명하지 않은 답변이
    많다.

실제 질문의 흐름과 답변 내용을 통해 아쉬운 점을 살펴보자.

면접복기 상세 분석

1Q 무슨 생각을 하면서 왔나요?

1A 긴장이 돼서 면접 볼 거 준비하면서 왔습니다.

2Q 하이닉스 면접은 처음인가요?

2A 네, 처음입니다.

3Q 동아리 활동해 본거 있나요?

3A 군대 가기 전까지 복싱동아리에서 활동했습니다.

1 3-1Q 겉으로 보기에는 비리비리해 보이는데?

3-1A 그러한 약점을 보완하기 위해서 복싱 동아리와 헬스 트레이닝을 꾸준히 해오고 있습니다.

3-2Q 그럼 복싱 한 번 보여주세요.

3-2A (일어나서 간단하게 복싱을 했습니다)

1 면접위원 관점에서 의미가 있는 질문이다.
- 독종보다는 인간미가 강한 지원자로 보고 있다.
- 3-1A 답변에서 승부근성을 보여줄 수 있는 사례를 구체적으로 어필하면 좋다.

4Q 차석으로 졸업했네요? 1등이랑 얼마나 차이가 나나요?

4A 자세한 수치는 잘 모르는데, 얼마 차이가 안 나는 걸로 알고 있습니다. 1등으로 마무리 하고 싶어서 끝까지 노력했는데, 아쉽게도 2등으로 마무리하게 되었습니다. (3학년 이후 학점이 높습니다)

5Q 왜 1등을 하고 싶었어요?

5A 산업공학과를 전공하면서, 이 분야에서는 최고라는 기록을 남기고 싶었습니다.

6Q 대학원에 가서 공부할 생각은 안 했나요?

2 6A 작년에 대학원에 대해 곰곰이 생각해 보았으나, 제가 더 발전하기 위해서는 기업에 취업하여 직접 경험해보는 것이 더 중요하다고 판단하였고, 이렇게 지원하게 되었습니다.

2 고민했다는 흔적을 남기지 않는게 좋다.
- 높은 학점과 연관된 질문이다.

③ 열정/치열함이 느껴지지 않는 평범한 답변이다.

– 입사 의지를 더 명확하게 설득했어야 한다.

7Q 저희 회사는 왜 지원했나요?

③ 7A ~ 반도체 산업은 꾸준히 성장할 것이고, 이중에서 SK하이닉스는 세계적으로 인정받고 있고 더 성장할 것이라고 생각해서 지원했습니다.

8Q 반도체 산업에 관심이 있다고 했는데, 다른 회사도 반도체 쪽으로 지원했나요?

④ 경쟁사 이름을 풀네임으로 답변할 필요는 없다.

④ 8A 네, 삼성전자 지원했습니다.

9Q 뉴스에서 SK하이닉스 기사를 많이 봤을텐데, SK하이닉스에 대해 어떤 생각을 가지고 있나요?

⑤ 2가지 실수답변이다.

– 삼성전자의 강점은 질문하지 않았다.
– 행복토크는 그룹 회장 수준에서 강조하는 단어로 현장에서 일하는 엔지니어와는 거리가 멀다.

⑤ 9A 반도체 산업에 관심을 가지고 있기에, 먼저 입사한 친구나 선배들에게 많이 알아봤는데, 삼성전자가 개인의 능력을 많이 중요시 한다면, SK하이닉스는 이번에 시행한 행복토크와 같이 팀 단위로 화합하는 분위기라고 생각했습니다.

10Q 산업공학과인데 다른 직무가 아니라 양산기술 직무에 지원한 이유가 뭔가요?

10A 제가 지금까지 산업공학을 전공하며 배운 ~ 같은 지식들로 양산기술 직무에서 최고 수율을 달성하는데 기여할 수 있다고 생각했기에 지원했습니다.

11Q 정규분포란 무엇인지 설명해 주세요.

11A 우리 주변에서 가장 많이 나타나는 분포로서, 평균과 표준편차로 이루어져 있으며, 평균 주변에 가장 높은 분포가 나타나고, 멀어질수록 낮아집니다.

11-1Q 표준 정규분포란 무엇인가요?

11-1A 정규분포에서 평균을 0으로, 표준편차를 1로 만들어서 표준화시킨 분포입니다.

12Q 군대는 보급부대를 나왔네요. 물품은 몇 종을 관리
했나요?

12A 몇 종인지 잘 기억이 나지 않는데, 천막과 같은 부
대 물자를 관리했습니다.

12-1Q 물자 수량이 안 맞을 때 어떻게 했어요?

12-1A 병사로서 할 수 있는 일이 제한되어 있기 때문에
직속상관에게 보고하였습니다.

6 12-2Q 병장이 되어서도?

12-2A 네.

6 **유연성과 문제해결역량이
부족한 지원자라는 반응
이다.**

– 공부머리는 있지만 일머
리는 답답한 스타일이라
고 느낄 수 있다.

– 13Q, 15Q, 16Q, 21Q 질문
이 이를 검증하기 위한 추
가질문이다.

13Q 사원이 최대한의 역량을 발휘할 수 있는 업무환경
이 뭐라고 생각하나요?

13A 업무시간에는 다른 것을 일체 하지 않고 일을 하
고, 쉬는 시간에는 쉴 수 있는 환경이라고 생각합
니다.

14Q 어떻게 하면 행복할 수 있다고 생각하나요?

14A 해야 할 일이 있고, 집에서 반겨주는 사람이 있으
면 행복할 수 있다고 생각합니다.

15Q 야간근무에 대해 어떻게 생각하나요?

15A 해야 할 일을 다 끝내기 전까지는 야간근무가 아니
라 당연히 해야 할 일이라고 생각합니다.

16Q 법으로 52시간이 정해져 있는데 일을 다 못 끝냈다
면 어떻게 하시겠어요?

7 16A 집에 가져가서라도 하겠습니다.

7 **자료는 보안 때문에 집
에 가져갈 수 없다.**

17Q 집이 청주랑은 거리가 있는데, 청주사업장 근무 가
    능한가요?

⑧ 기숙사라는 근거는 설득
력이 부족하다.
– 입사하고 싶은 열정을 근
  거로 설득해야 한다.

⑧ 17A 업무를 하는 장소는 중요하다고 생각하지 않
    고, 알아본 바로는 SK하이닉스는 기숙사가 잘 갖
    춰져 있다고 알고 있기 때문에 충분히 생활할 수 있
    다고 생각합니다.

18Q 이천과 청주 중에 어디에 가고 싶어요?

⑨ 2가지를 잘못한 실수답
변이다.
– 17A의 답변과 달라서 일
  관성이 없다.
– 단답형 답변이다.

⑨ 18A 이천에 가고 싶습니다.

19Q 전공정과 후공정 중에는 어디에 가고 싶어요?

⑩ 단답형 답변을 많이 한다.
– 왜 후공정에서 일하고 싶
  은지 근거를 설명해야 면
  접위원을 설득할 수 있다.

⑩ 19A 후공정에서 업무하고 싶습니다.

20Q 빅데이터에 관심이 많은 것 같은데, 이 쪽 부서로 가
    고 싶지는 않나요?

20A 그렇게 된다면 좋겠지만, 다른 부서에 배치된다 하
    더라도 해당 업무 쪽으로 역량을 발전할 자신이 있
    습니다.

21Q 회식 일정을 잡을 때, 의견이 안 맞는 경우 어떻게
    해결하시겠어요?

21A 사유를 들어보거나, 투표를 통해 다수결로 해결할
    것 같습니다.

21-1Q 그래도 그 사람은 맞춰 주기를 바랄텐데요?

21-1A 함께 술 마시면서 얘기하며 해결할 수 있을 것이
     라고 생각합니다.

22Q 주량이 어느 정도 되나요?

22A 1병 정도입니다.

23Q 회사 생활에서 가장 중요한 역량은 무엇이라고 생각하나요?

11 23A 예의라고 생각합니다. 물론 업무역량도 중요하겠지만, 동료들과의 예의, 상사들과의 예의와 같이 사람과 상황에 따라 적합한 예의를 갖춘다면 주변 사람들과 좋은 관계를 유지할 수 있을 것이고, 업무 성과도 높일 수 있을 것이라고 생각합니다.

11 부적합한 답변이다.

- 엔지니어에게 가장 중요한 역량은 전문성(직무역량)이다.
- 예의는 그 다음에 필요하다.

24Q 마지막으로 하고 싶은 말은?

24A SK하이닉스에 입사하여 다양한 업무를 신속하고 정확하게 수행할 수 있는 신속성, 정확성, 유연성을 갖춘 고품질의 신입사원이 되겠습니다. 감사합니다.

3. 잘못 쓴 이력서·자소서 → 이자면 불통으로 탈락
(H탈락자 : 삼성전자 F사업부 지원)

(1) 면접복기 피드백 [◀ 인사담당자 시리즈 자소서편 p.49에서 연결]

H지원자는 '인사담당자 시리즈 자소서편'에서 이자면 관통하기의 Worst Case로 소개한 친구이다. H의 면접복기를 보면 탈락을 초래한 3가지 결정적인 장면이 있다.

- ● 창업동아리에 대한 압박질문 설득에 실패
  - 창업 활동을 했다고 하는데 어떤 것이었나요? 창업 활동 중에 휴학은 왜 하셨나요? 그런데 창업 일을 하다가 왜 갑자기 반도체 분야를 지원하게 되었나요?
  - 이 같은 압박질문에 대해 면접위원을 설득하는 데 실패했다.
- ● 지원직무를 혼동하여 답변
  - 자소서에는 설비를 운영하는 시스템을 개발하고 싶어 지원했다고 적었다.
  - 그러나 지원동기를 물었을 때, 설비 개발에 대한 관심과 흥미를 강조했다.
  - 면접위원이 답변을 중간에 끊고 H지원자는 설비 자체를 개발하고 싶은 것인지? 설비를 운영하는 시스템을 개발하고 싶은 것인지? 되물었을 때도 자신의 실수를 알아채지 못했다.
- ● '오래 근무할 인재인가?'에 대해 확신을 주지 못함
  - 이력서와 자소서에 창업동아리 활동이 자랑처럼 기술되어 있고, 면접 답변을 통해서도 입사 의지를 제대로 설득하지 못했다.
  - 그리고 H지원자는 첫인상이 부드러운데다 인간미 이미지를 강하게 각인시킨 것도 약점으로 작용했다. 자소서 소제목에 '행복'이란 부드러운 키워드를 활용한 것도 패착이다.

실제 이력서와 자소서 내용에 대한 질문을 많이 받았지만, 부정적인 관점의 질문이 많았다. 이자면 관통하기의 중요성을 생각하면서 읽어보자.

면접복기 상세 분석

1Q 자기소개 해 주세요.

1 1A(준비한 자기소개를 했습니다)

- 로봇 청소기의 회로 설계 및 개발 프로젝트
- 반도체 공정실습 경험
- 창업동아리를 통해 빅 데이터를 다루어 본 경험
- 이를 바탕으로 자동화 설비 시스템 개발에 도전

1 창업동아리를 키워드로 제시했다.
- 2Q, 3Q, 4Q의 압박질문으로 연결되었다.

2Q 창업 활동을 했다고 하는데 어떤 것이었나요?

2 2A 학교 선배와 함께 창업동아리를 만들어 도전해 본 경험이 있습니다. 아이템은 중간장소 추천 서비스앱을 개발하는 것이었습니다.
아이디어를 구체화하고 사업 자금을 지원받기 위해 주말에도 동아리방에서 자며 개발했습니다. 저희 팀은 1년에 1억 원을 지원해주는 창업사관학교에 입교하는 기회를 얻었습니다.
입교 후 시장에 내놓을 만큼의 서비스를 개발했다고 판단하여 서비스를 출시했습니다. 하지만 기대와 달리 시장의 반응은 굉장히 냉담했습니다.
제 아이템이 많은 사람에게 인정받지는 못했지만, 그 과정에서 '무언가를 개선하고자 하는 즐거움'을 느낄 수 있었습니다.

2 창업은 면접위원 관점에서 부정적이다.
- 지원직무와 연관성도 적다.
- 1억 원 지원금, 창업사관학교 입교를 강조할 필요가 없다.

3Q 창업 활동 중에 휴학은 왜 하셨나요?

4 3A 기획한 아이디어에 대해 주변 사람들과 심사위원들의 반응이 좋아서 출시를 계획했습니다.
'이때가 아니면 언제 서비스를 출시해보는 경험을 할 수 있을까'라는 생각으로 서비스 출시에 전념하기 위해 휴학을 했습니다.

3 부정적인 질문
4 입사 의지와 반대되는 답변이다.
- 면접위원은 취업보다 창업에 관심이 많은 친구라고 생각한다.

⑤ 3A의 답변과 연결된 부정적인 질문	⑤ **4Q** 그런데 창업 일을 하다가 왜 갑자기 반도체 분야를 지원하게 되었나요?
⑥ **관점의 차이가 있다.** – 지원자는 의미 있는 실패 경험으로 답변 – 면접위원은 창업에 실패한 후, 마지못해 취업준비를 했다고 생각 → 1st 탈락원인	⑥ **4A** 저는 창업을 통해 수익을 내자는 것이 아닌 서비스를 출시해보자는 목표로 시작했습니다. 출시 후 시장의 반응을 보고 실패한 원인에 대해 분석하였고, 저는 기존에 하고자 했던 취업 준비를 위해서 스타트업에서 퇴사를 했습니다. 이후 전공 프로젝트에서 소자들을 다루어보며 반도체에 흥미를 가지게 되었고, 반도체 NCS 교육도 수강하고, 직무체험의 장과 반도체 공정실습에도 참가했습니다.

(중략)

⑦ **기회를 주는 질문**	⑦ **16Q** 자소서에 자동화 설비 시스템을 개발해 보고 싶다고 했는데 어떤 건가요?
⑧ **지원직무를 혼동했다.** – 설비 개발에 대한 키워드만 강조했다. – 설비 시스템 개발 vs 설비 개발은 다르다. – 창업을 또 강조	⑧ **16A** 반도체 설비에는 3~5만 개의 데이터 센서 … 센서 값들을 수집하여 … 문제 값에 가까워진다면 공정을 잠시 중지하고 … 센서 값을 최적화하여 공정을 재가동하는 설비를 개발하고 싶다는 목표를 가지고 설비기술에 지원했습니다. 저는 … 회로를 설계하고 … 창업 경험을 통해 빅데이터를 다룬 경험이 있습니다.
⑨ **확인사실 질문**	⑨ **17Q** 반도체 설비를 개발한다고 하셨는데, 그럼 설비 개발 쪽을 말씀하시는 건가요?
⑩ **자살골과 같은 답변** – 이자면 불통의 순간 → 2nd 탈락원인	⑩ **17A** 예, 자동화 설비입니다! (정말 말도 안되는 실수를 했습니다)

18Q 마무리 발언을 하고 마치겠습니다.

1. 진실답변 + 소신답변으로 거머쥔 합격
(D합격자 : 삼성전자 M사업부 지원)

(1) 면접복기 피드백

D는 PART 1 - Chapter 1에서 소개한 합격자이다. 인성면접에서 부정적인 질문을 많이 받았지만, 이력서+자소서 내용을 바탕으로 소신 있는 답변을 하여 합격선물을 쟁취한 사례이다. 필자는 D합격자의 면접복기를 읽고 나서 3가지 합격비결을 칭찬했다. [◀ 인사담당자 시리즈 자소서편 p.120 자소서에서 연결]

- ◉ 낮은 학점 질문에 진실성 있게 설명
  - 인정한 다음, 솔직한 이유를 설명, 의미 있는 노력을 강조, 다시 인정
  - Essay 2번과 Essay 4번에 작성한 내용을 활용하여 설명
- ◉ 인생의 키워드를 물은 예상하지 못한 질문에 센스 있게 답변
  - Essay 1번에 적은 지원동기를 활용하여 답변
  - '방향'이란 키워드를 제시하고, 동반성장하고 싶다는 의지를 전달
- ◉ 압박질문에 위축되지 않고 당당하게 답변
  - 면접위원의 압박질문에도 물러서지 않고 당당하게 답변하는 자세
  - Essay 2번에 적은 협업 경험을 인용하면서 본인이 뽑히고 싶은 간절함을 표현

앞서 설명한 탈락자 면접복기와 다른 내용이 무엇인지 이해해보자.

1Q 자기소개를 해 주세요.

1A [◀ p.63 자기소개에서 연결]

2Q (임원께서 눈살을 찌푸리시더니) 학점이 좋지가 않으시네요?

1 인정-이유-노력-인정
의 답변구조가 좋다.

- 인정
- 솔직한 이유를 설명
  (Essay 2번을 활용)
- 의미있는 노력을 강조
  (Essay 4번을 활용)
- 다시 인정

1 **2A** 죄송합니다. 학생의 본분으로서 학점은 당연히 갖추어야 할 조건입니다. 하지만 저는 학점에 있어 좋은 성과를 내지 못하였습니다.

3~4학년 시기부터 학원을 운영하시던 어머니를 대신해 원장 일을 맡으면서 집안의 생업을 위해 힘써야 했으므로 크게 신경을 쓰지 못하였습니다.

하지만 이를 통해 남들보다 더 열심히 해야 한다는 것을 알았고, 단순히 공부만 하는 것이 아닌 광기술센터에서 광학교육을 받고 반도체설계교육센터, 나노기술원에서 장비교육을 받으면서 포토공정에 최적화되기 위한 역량을 길러왔습니다.

하지만 기본적으로 학생으로서 본분을 다하지 못해 다시 한번 죄송하다는 말씀을 올리고 싶습니다.

2 2A 답변으로 설득되었
다는 반응이다.

2 **3Q** 뭐~ 죄송할 거까지야~. 다른 질문으로 넘어갑시다. 지원자가 인생을 살아가는 데 있어 가장 중요한 것은 뭐라고 생각해요?

3 예상하지 못한 질문인데
Essay 1번을 활용해 센
스 있게 답변했다.

- '방향'이란 키워드를 제
  시하고, 동반성장으로 연
  결했다.
- 오래 근무하고 싶은 평생
  직업을 강조했다.

3 **3A** 가장 중요한 것은 '방향'이라고 생각합니다. 제가 회사를 선택하는데 있어 가장 큰 기준은 회사와 임직원 간의 동반성장입니다.

역량을 갖추었지만 정제가 필요한 인재가 체계적으로 실무능력을 전수받으면 자신의 역량을 배로 발휘할 수 있습니다.

그런 환경 속에서 10년, 20년이 아닌 그 이상의 길을 꾸준히 나아간다면 엔지니어로서 성공의 길을 걸을 수 있을 거라 생각합니다.

4Q 본인의 단점은 뭐라고 생각하죠?

4A 제 단점은 학생으로서 성적이 ~

4-1Q 아니 성적 말고 진짜 단점을 말해보세요.

4-1A 저는 덤벙대는 것이 가장 큰 단점입니다. 항상 빠릿빠릿하게 일처리를 진행하면서 빠르게 행동하는 것이 습관처럼 배어있다 보니 덤벙대기도 합니다.

4 이를 개선하기 위해 빠르고 정확하게 일처리를 하려고 노력중입니다. (이렇게 대책 없이 말하지는 않았는데 이 부분은 정확히 기억이 나지 않습니다.)

4 답변의 일관성이 미흡하다.
- 덤벙대는 이유를 중복 설명

5Q 포토공정을 하고 싶다고 하셨는데 만약에 본인이 원하지 않는 부서로 배치된다면 어떻게 하실거에요?

5 5A 저는 포토공정을 공부하면서 가장 잘 어울린다고 생각하고 그 직무를 위해 노력해왔습니다.
하지만 면접관님을 비롯해 인사담당자분이 제가 다른 공정에 좀 더 어울린다고 생각하신다면 제가 원하는 공정을 한번쯤은 더 주장해보고, 이것이 받아들여지지 않을 시 배정된 곳에서 저만의 역량을 펼치면서 엔지니어로서 성장해 나가고 싶습니다.

5 센스+소신 있게 답변했다.
- 포토공정 역량 설명
- 회사의 방침에 따르면서 본인 의견도 제시한 것이 좋다.

6Q 그렇다면 포토공정 이외에는 어느 공정으로 배치 받고 싶어요?

6A 제가 지원한 공정기술은 공정 최적화, 공정조건 표준화를 통해 생산성을 향상시키는 직무입니다.

6 저는 포토공정 이외의 특정 공정보다는 이 직무에 대해 흥미를 느끼기 때문에 에치공정이든 클린공정이든 상관없습니다.

6 흥미라는 표현보다 잘 할 수 있다는 자신감을 어필하는 것이 좋다.

7Q 지원자는 팀 프로젝트를 할 때 리더를 맡는 편인가요?

7 7A 저는 리더보다는 팔로어의 역할을 주로 하는 편입니다.

7 솔직한 답변이 필요하다.
- 리더라고 해서 합격률이 높거나, 팔로어라고 해서 탈락률이 높은 것이 아니다.
- 8A 답변처럼 소신 있는 의견이 중요하다.

8Q 왜 리더 역할을 수행하지 않나요?

8A 저는 리더란 좀 더 전문성이 있고, 팀의 목표에 대해 많은 지식을 갖춘 사람이 맡아야 하고, 또한 사람들과 친화력이 있는 사람이 맡아야 한다고 생각합니다.
보통 그러한 팀원이 리더를 맡아야 한다고 생각하기에 그런 팀원이 있을 경우, 리더 자리를 양보하고 저는 팔로어로서 서포트 역할을 수행하는 편입니다.

9Q 그러면 리더 역할을 수행해본 경험이 있나요?

8 작은 경험이라도 리더로서의 역할을 명확하게 전달하면 된다.
- 10A 답변으로 친화력의 근거를 확실하게 제시했다.
- 하이닉스 자소서의 팀워크 주제에 작성한 내용을 활용했다.

8 9A 대학 4학년 때, 메모리 소자를 구현하는 프로젝트에서 조장을 맡은 경험도 있습니다.
조원들과 일면식이 없었기 때문에 역할 분담이 중요하다고 생각했습니다. 조원들의 일처리 효율과 단합을 목적으로 성격유형검사인 MBTI를 통해 성격 유형에 따라 논문 분석, 코딩, 시뮬레이션 구동, 보고서 작성 등 4개 분야로 나누어서 프로젝트를 진행했습니다.
MBTI 결과를 돌려보면서 서로의 재미있는 면과 성격에 대해 자세히 알 수 있었습니다. 이를 통해 친밀감과 함께 일의 효율도 높일 수 있었습니다.

10Q 그때는 왜 본인이 리더 역할에 적합하다고 생각했나요?

10A 전문성과 함께 친화력도 중요하다고 생각했기 때문에 제가 조장을 맡았습니다.
전자공학과로 전과한 이후에도 많은 친구들과 어울리는 경험을 통해 친화력은 누구보다 자신이 있습니다.

11Q 지금 이렇게 물어본 거에 대해서 답변한 걸로 저희를 설득할 수 있을 거라 생각하세요?

9 **11A** 제가 지금껏 드린 답변이 체계적이지 못하게 이야기한 점이 사실입니다. 긴장을 해서 바로 떠오르지는 않지만 ~ (여기는 잘 기억이 나지 않습니다. 하지만 모른다고 물러서면 제가 이야기한 장점이 없어지는 것이 되기 때문에 물러서지는 않았습니다.) 학원 원장을 했다는 것이 엔지니어로서 역량에 절대 직접적인 영향을 끼치지 않습니다. 엔지니어에게 있어 가장 중요한 것은 문제해결능력이지만, 사람들과의 커뮤니케이션을 통해 협업하는 것을 배운 점 또한 중요하다고 생각합니다. 때문에 이런 경험을 가지고 있는 제가 뽑혀야 한다고 생각합니다.

9 압박질문에 위축되지 않고 당당하게 답변했다.
- 물러서지 않고 당당하게 답변하겠다는 마인드가 중요하다.
- 협업 경험을 인용하면서 본인이 뽑히고 싶은 간절함을 표현했다.

13Q 전 됐어요. 다른 분들 더 질문하실 내용이 있으신가요? 없으시면 마지막으로 할 말 해주세요. 근데 간단하게 해주세요.

10 **13A** TCAD Tool을 통해 소자와 공정지식, 광기술센터와 나노기술원에서 광학교육, 반도체설계교육센터에서 MOSFET에 대한 이해를 쌓아왔습니다. 길러온 역량들을 바탕으로 제품에 필요한 Spec을 만들어 나가는 엔지니어가 되겠습니다. 감사합니다.

10 간단하지만 명료하게 본인의 직무역량을 강조했다.
- Essay 4번을 활용

Q 고생했어요.

A 네, 감사합니다!

11 **Q** (일어서서 인사하는데) 요즘 어머니께서는 괜찮으세요?

A 넵! 괜찮아지시고 제가 고등부 강사로 일하면서 틈틈이 도와드리고 있습니다.

Q 아! 그러시군요. 고생하셨어요. 밥 맛있게 드세요.

A 감사합니다. 면접관님!

11 면접위원이 긍정적인 마음을 표현한 질문이다.
- 합격 시그널로 볼 수 있다.

(2) D합격자 면접후기

면접이 대체적으로 날카롭고 너무 무서웠습니다.

하지만 생글생글 웃으면서 최대한 공손하게, 절대 기죽거나 그런 티를 내지 않고 최대한 편안하게, 학원에서 강의하다가 상담했던 것처럼 보았기 때문에 떨지는 않았습니다.

보시면 전체적으로 잘한 것도 없고 실수도 너무 많이 해서 기억도 안나는 부분이 있지만 선생님의 도움으로 붙을 수 있었던 것 같습니다.

이 자료를 좋은 곳에 활용해 주시면 감사하겠습니다!

2. 마무리 발언 덕분에 아슬아슬하게 합격
(Q합격자 : 삼성전자 F사업부 지원)

(1) 면접복기 피드백

마무리 발언의 중요성을 입증해준 사례이다. Q합격자에게 필자는 지옥(탈락)에 떨어졌다가 천당(합격)으로 올라왔다고 평했다. 천당으로 타고 올라온 동아줄은 바로 마무리 발언이다. 마무리 발언 덕분에 합격한 사례를 면접의 흐름순으로 이해해보자.

① 긍정적으로 시작하다 : 2가지 질문에 대해 소신 있게 답변

- ● 아버지를 존경하는 이유

- ● 양자택일 질문에서 실력 있는 상사를 명확하게 선택

  - 그 이유를 명확하게 설명한 다음, 인간미 있는 상사도 추가

② 부정적인 분위기에 빠지다 : 카페에서 3년 일한 경험에 질문이 집중

- ● 자신의 강점 = 고객 서비스 마인드를 3번이나 강조

  - 엔지니어가 되기 위해 면접을 보는 상황에서 부적합한 답변

- ● 면접위원이 탈락을 암시하는 질문까지 받음

  - "제가 생각하기에 Q지원자는 CS 엔지니어나 서비스업이 더 잘 어울린다 생각할 만큼 직무적인 어필이 크게 와닿지 않습니다."

③ 동아줄을 잡다 : 마무리 발언에서 마지막 승부수를 띄운 것이 적중

- ● 면접 분위기를 판단하여 준비한 마무리 내용을 포기하고 진솔한 마음을 전달

- ● 이력서, 자소서에 적은 반도체 경험을 강조

1Q 어서 오세요. 자리에 앉으시고 간단하게 자기소개 부탁드립니다.

1A (준비한 1분 자기소개 설명)

① 지원자의 대표경험에 대한 질문이다.

– 이력서, 자소서의 메인 스토리이다.

① 2Q 자기소개는 잘 들었고 이력서를 보자마자 너무 궁금한 게 있습니다. 경력사항에 카페 경험만 3년이 있네요. 학교 생활하면서 아르바이트로 계속한 건가요?

2A 네. 그렇습니다. 주말 아르바이트로 약 2년을 하였고 1년을 직원으로 일했습니다.

2-1Q 그렇게 까지 오래한 이유가 있나요? 왜 카페였나요?

② 엔지니어가 되기 위해 면접을 보는 상황에서 부적합한 답변이다.

– 성격과 가장 잘 맞는 일이 서비스업인데, 왜 반도체 회사를 지원했을까?

② 2-1A 우선 가장 큰 목표는 생활비와 학비를 마련하기 위한 것입니다. 하지만 제 성격과 가장 잘 맞는 업에서 일하고자 선택한 일이 서비스업입니다. 한 곳에서 꾸준히 일하고자 하는 주인의식을 가지고 했기에 약 3년 동안 카페에서 일하게 된 것 같습니다.

3Q 아버지를 존경인물로 적었네요? 다들 아버지라고 적어서 일반화가 되었는데 특별히 다른 존경인물은 없나요?

③ 소신있게 잘한 답변이다.

③ 3A 물론 제 학창시절 공부에 흥미를 생기게 해주신 담임 선생님 등 존경할 만한 사람들은 많다고 생각합니다. 하지만 무엇보다도 아버지라 자신 있게 적을 수 있었던 이유가 있습니다. (책임감을 바탕으로 설명했습니다.)

4Q 그럼 휴학하고는 무엇을 했나요?

4A 우선 바쁘게 지내며 학창시절을 보낸 만큼 취업을 앞둔 4학년 시기에는 경제적인 여유를 주고자 그리고 또 다른 경험을 만들어보고자 휴학을 했습니다.

4 이에 1년 동안 서비스업 매니저로 일하면서 업무에 대한 열정과 책임감도 함양할 수 있었고, 다양한 사람들과 팀원들을 만나면서 소통의 중요성도 알 수 있었습니다.

4 서비스업 매니저를 언급할 필요는 없다.

5Q 그러면 아르바이트도 카페에서 하고 휴학 후에도 카페에서 일했는데 너무 이쪽으로만 치우쳐 있는 게 아닐까 싶네요. 어떻게 생각하세요?

5 5A 아닙니다. 카페에서 일하게 된 것은 제 성격과 가장 잘 맞고 다른 목표가 있었기에 오랫동안 일했던 것입니다. 저에게는 꾸준히 준비해왔던 반도체가 있고, 반도체에 대한 열정을 품었기에 반도체 공정 엔지니어로서 업무에 임하고 싶습니다.

5 성격 = 서비스업을 2번째 강조했다.

6Q 좋아요. 다르게 한 번 물어보겠습니다. 본인은 실력 있는 상사와 인간미 있는 상사 둘 중 누구 밑에서 일하고 싶나요? 제 말은 실력이 있다고 인간미가 아예 없는 극단적인 선택은 아니라고 말씀 드리고 싶습니다.

6 6A 저는 실력 있는 상사 밑에서 일하고 싶습니다. 본인의 성과도 중요하지만 업무는 팀으로 이루어진다 생각합니다. 팀을 이로운 방향으로 이끌어내며 좋은 결과를 만들어 내기 위해선 실력 있는 상사가 필요하다 생각합니다. 또한 리더로서 배울 점도 많다 생각합니다.
물론 상사분이 그 위치까지 올 수 있었던 것은 인간미 또한 겸비했기에 가능하다 생각하지만 실력 있는 상사 밑에서 일한다면 제 성장에도 큰 도움이 될 것이라 생각합니다.

6 칭찬할만한 답변이다.

– 실력 있는 상사를 명확하게 선택
– 2가지 이유를 설명
– 인간미도 추가

7Q 카페에 지원했나요?

7A 안 했습니다.

7-1Q 제가 묻고 싶은 게 하나 있습니다. 지원자 모두 반도체에 대해 공부하고 기본 강점은 모두 가지고 있다 생각합니다. 그러면 남들은 없는 본인만이 가지고 있는 강점이 무엇인지요?

7 강점 = 서비스 마인드를 3번째 강조했다.
- 면접위원은 반도체 직무 역량의 강점을 질문했는데, 성격적인 강점을 설명
- 8Q의 질문으로 연결

7 **7-1A** (실수라 생각) F사업부는 기술력과 신뢰를 기반으로 한 고객확보가 가장 중요하다 생각합니다. 이에 좋은 품질은 곧 고객만족이라는 마인드를 가질 수 있는 고객 서비스 마인드가 다른 엔지니어에게는 없는 저만의 특별한 강점이라 생각합니다. 이 마인드는 제 업무에 대해 더 책임감을 가지고 좋은 성과를 이루어 낼 수 있을 것이라 생각합니다.

8Q (웃으시면서) 보세요. 아까부터 계속 카페 이야기를 하다 보니 이런 얘기가 나오네요. 제가 생각하기에 Q 지원자는 CS 엔지니어나 서비스업이 더 잘 어울린다 생각할 만큼 직무적인 어필이 크게 와닿지 않습니다. (이때 A와 B도 끄덕끄덕 하셨음) 어떻게 생각하시나요?

8 늦었지만 최선을 다하는 모습이 좋다.
- 당황하지 않고 직무역량을 설명
- 근거가 있는 반도체 경험을 강조

8 **8A** (당황하지 않고) 네. 그러면 직무적인 강점을 하나 얘기해드리겠습니다. 저에게 강점이자 장점은 열정을 통한 문제해결능력이라 생각합니다. (반도체 공정실습 과정에서 주도적으로 이슈를 해결했던 경험을 설명하는 중 문에서 노크소리가 들림. 약 3분 남았다는 신호)

9Q 그래요. 마지막으로 하실 말씀은?

⑨ 9A (진솔하고 또 진지하게 임함) 비록 짧은 시간이
었지만 제 솔직한 모든 모습을 보여주기 위해 최선
을 다했습니다.

한 가지 아쉬운 점은 너무 서비스업으로 치중되어
직무적인 어필을 많이 못 보여준 것 같습니다. (이
때도 A, B 임원분이 고개를 끄덕거리셨음)

하지만 말씀드리고 싶습니다. 3학년부터 반도체에
관심을 가지고 다양한 경험을 해보며 지금까지 제
열정을 보여주기 위해 열심히 달려왔습니다.

제가 앞서 언급했던 제 좌우명처럼 성과라는 열매
를 맺을 수 있는 열정과 패기가 있는 신입사원이 되
겠습니다. 감사합니다.

(준비한 내용을 하지 않고, 솔직하게 아쉬운 마음을
표현하려고 노력)

⑨ **마지막 승부수를 띄운
답변으로 2가지를 칭찬
하고 싶다.**
- 준비한 내용을 포기하고
진솔한 마음을 전달
- 근거가 있는 반도체 경험
을 강조 (이력서, 자소서
에 적은 내용을 활용)
▶ 마무리 발언 덕분에
합격 (필자의 분석)

(2) Q합격자 면접후기

> 압박식으로 질문이 많이 들어왔지만, 밝은 표정을 지으려고 노력했습니다.
>
> 물론 당황하지 않았다면 거짓말이지만, 이를 있는 그대로 받아드리면서 얘기했
> 던 것 같습니다.
>
> 조금은 방어적인 태도로 대답을 해서 제 직무적인 어필을 못해 아쉬웠지만, 제
> 진심을 봐주신 것 같아 합격을 한 것 같습니다.

3. 열정과 센스 있는 답변 덕분에 합격
(R합격자 : SK하이닉스 양산기술직무 지원)

(1) 면접복기 피드백

R합격자의 면접복기를 보면 신입사원다운 열정과 센스가 느껴진다. SK 인재상이 '일과 싸워서 이기는 패기'라는 것을 떠올리면 왜 합격했는지 이해가 된다. 필자가 합격비결로 꼽은 3가지 차별점을 느껴보자.

① 자기소개를 간단하게 하라는 돌발 요구에 당황하지 않고 센스 있게 대응
  - 3가지 키워드만 강조 : 그 가운데 데이터 분석역량이 질문으로 연결
  - 데이터 분석역량의 2가지 근거를 명확하게 제시 : 6시그마 질문으로 연결

② 구체적인 경험으로 설득
  - 성적이 점점 떨어진 이유에 대해 동아리 회장, 단과대학 학생회 등 경험으로 설명
  - 협업 관련 질문의 의도를 파악하지 못해 당황했지만, 2가지 근거로 설명
    - 600개 반도체 공정, 동아리/학생회 활동

③ 열정과 센스가 느껴지는 답변으로 설득
  - 교대근무 질문에 팔굽혀펴기 20개를 사례로 들어 열정을 어필하고 면접위원의 웃음도 유발
  - 근무지 질문에 대해서도 근무하는 장소보다 양산기술이란 직무가 더 중요하다는 열정을 어필

1Q 라포질문 후 자기소개 (간단하게 해달라고 하셔서 키워드만 말씀드렸어요)

1 **1A** 안녕하십니까! 열정과 패기 빼면 시체! 지원자 R입니다.

저는 양산기술 엔지니어가 되기 위하여 반도체 공정 프로세스에 대한 이해도, 데이터 분석능력, 협업 능력을 갖추었습니다.

이러한 역량을 바탕으로 반도체 공정 중 생기는 불량이슈를 신속하고 정확하게 해결하겠습니다. 감사합니다.

(직무 PT를 진행할 때 3문제 중 1문제를 정확하게 모르고 있어서 잘못 대답하니, 다시 설명해달라고 질문하셨는데 또 모르니까 힌트를 주셔서 결국에는 맞추고 직무면접이 끝났습니다)

(바로 인성면접으로 넘어가서)

> **1** **간단하게 하라는 돌발 요구에 당황하지 않고 센스 있게 답변했다.**
> – 원래 준비했던 내용을 줄여서 3가지 키워드만 강조했다.
> – 2Q 질문으로 연결되었다.

2Q 자기소개 할 때 데이터 분석능력이 있다고 했는데 어떤 역량이 있나요?

2 **2A** 저는 캡스톤 설계 프로젝트를 하면서 3가지 파라미터를 바꿔가면서 경향성을 파악하고 수많은 최적화 실험을 해보았습니다. 이를 통해서 많은 양의 데이터를 분석해본 경험이 있습니다.

또한 6시그마와 파이썬 자격증을 취득하여 통계분석기법을 익혔습니다.

> **2** **2가지 근거를 명확하게 제시했다.**
> – 프로젝트 경험. 6시그마/파이썬 자격증
> – 3Q 질문으로 연결되었다.

3 **3Q** 그럼 6시그마에 대해서 물어봐도 될까요? **시그마가 뭡니까?**

3A (6시그마도 아니고, 시그마가 뭐냐고 물으셔서 살짝 당황해서 좀 망설이니까, 고등학교 때도 배운 건데 ~ 하셔서) 아! 표준편차, 분산입니다.

> **3** **3Q, 3-1Q는 긍정적인 질문이다.**

PART
2
인성면접

3-1Q 그렇게 말고 조금 자세히 말해주세요. 분산이 뭐예요?

3-1A 평균과 얼마나 차이가 있는지를 나타내는 것입니
다. (라고 대답하니까 그쵸. 평균과 차이를 나타
내는 거죠? 해서 네! 라고 대답했습니다.)

4Q 직무 PT에서 키워드로 Etch 고른 이유는 뭔가요?

4 Etch를 가장 열심히 공부
했다는 의미를 전달했다.

4 4A 포토레지스트와 레졸루션 키워드가 있었는데,
Etch가 가장 설명드릴 것이 많다고 생각해서 선택
했습니다.

5Q 자기소개서를 보니까 수석을 했는데 ~ 이 성적으로
수석을 할 수 있나요? 3.95인데 ~

5A (자기소개서에 1학년 1학기라는 것이 안 적혀 있어
서 이력서에 적혀있는 전체 전공 평점을 보시고 말
씀을 하셨습니다) 아, 제가 1학년 1학기에 4.35로
수석을 하였습니다.

6Q 그러면 성적이 점점 떨어졌는데 이유가 있나요?

5 구체적인 경험으로 설명
했다.
─ 이력서/자소서에 적은 내
용을 활용했다.
─ 전략적으로 고민하는 모
습도 필요하다.

5 6A (준비했던 질문인데 좀 고민하는 척하며) 음~ 제
가 2학년 이후에 1학년 때보다는 학업에 소홀했던
것이 사실입니다. 동아리 회장과 단과대학 학생회
에서 대외협력국장을 하였는데, 아무래도 리더이다
보니 제 역할이 조직에 영향을 미치게 됩니다.
물론 성적도 중요하지만 조직에 영향을 끼칠 수 없
어서 동아리 활동과 학생회 활동을 더 열심히 한 것
같습니다.

7Q 그래도 성적이 떨어진 것에 대한 후회나 아쉬움은 있
을텐데 어떠신가요?

7A 성적이 떨어지고 후회도 많이 했고 아쉬웠지만, 동
아리와 학생회 활동을 하면서 얻은 것이 많아서 더
의미 있는 시간이었다고 생각합니다.

8Q 원할머니보쌈에서 알바를 1년이나 했는데 엄청 오래
한 거 아닌가요? 학업에 영향이 미치지는 않았나요?

8A 학업에 무리가 가지 않도록 주말 2일만 6시간씩 알
바를 했습니다.

9Q 양산기술 직무는 아무래도 다른 팀들과의 협업이 중
요한데, 어떻게 협업하실 건가요?

6 9A (협업이 왜 중요한지도 아니고, 협업을 잘 할 수
있는 근거도 아니어서 도대체 무엇을 의도한 질문
인지 파악하기가 어려웠어요 ㅠㅠ)
반도체 공정에는 600개 정도의 공정 스텝이 있는데
이때 한 공정에서 공정 변수나 레시피가 바뀌게 되
면 바로바로 다음 공정팀에게 알리려면 소통과 협
업이 중요합니다. (지금 내가 무슨 말을 하고 있는
거지 싶었는데, 면접관이 답변을 더 기다리는 눈치
여서)
저는 동아리 활동과 학생회 활동을 하면서 조직 내
갈등을 해결하는 능력과 소통하고 협업하는 능력을
길렀습니다. 그래서 협업을 잘 할 수 있을 것 같습
니다.

10Q 동아리는 주로 무슨 활동을 하나요?

10A 신입생이 되면 교육과정을 거쳐 품평회에 통과를
하여야만 정회원이 될 수 있습니다. 저는 2학년 때
회장이 되어서 동아리의 다양한 행사를 기획하고
준비했습니다. 또 대표자 회의에 나가서 동아리
지원금을 확보하는 일도 하였습니다.

11Q 동아리 회장을 4년 동안 한건가요?

11A 아뇨, 저희 동아리는 2학년이 임원단을 맡아서 하
기 때문에 2학년 때 한 해만 회장을 하였습니다.

6 질문의도를 파악하지 못
해 당황했지만, 2가지
근거로 센스 있게 설명
했다.

– 600개 반도체 공정
– 동아리/학생회 활동

PART
2
인성면접

12Q 학교 생활하면서 말해주고 싶은 에피소드가 있으면 해주세요.

7 **12A** (정말 생각이 안 나서 또 동아리 얘기를 해버렸어요) 음~ 아무래도 4년 동안 동아리 활동을 해서 동아리 활동의 기억이 많이 납니다.

2학년 때 회장이 되고 처음부터 리더의 역할을 잘 했던 것은 아니었습니다. 그래서 조직 내 갈등을 해결하는 것이 어려웠습니다. 하지만 모든 사람들이 만족하는 결정을 할 수 없다는 것을 깨닫고 나서는 리더로서 조금 더 성장할 수 있었습니다. (이것도 정말 마음에 안 드는 답변 중 하나예요 ㅠㅠ)

13Q 코로나 사태가 터져서 많이 힘들어졌는데, 지원자 분에게는 이 사태로 더 어려움이 생겼나요? 아니면 기회가 됐나요?

13A 저는 기회가 됐던 것 같습니다. 졸업을 하고 본가에서 지냈는데, 아무래도 돌아다닐 수가 없어서 실내 활동을 많이 했습니다. 장롱면허였는데 운전 연습도 하고 집에서 홈 트레이닝을 해서 팔굽혀펴기도 한 개 밖에 못했는데 지금은 20개 할 수 있습니다. 답답하기도 했었지만 저를 더 발전시킬 수 있던 시간이었습니다.

14Q 양산기술이 교대근무 하는 거 알고 있어요? 교대근무는 상관없으신가요?

8 **14A** 네! 저 팔굽혀펴기도 20개 할 수 있고 학업, 알바, 다양한 활동을 병행했던 것처럼 시간 관리에 철저합니다. 잘할 수 있습니다. (팔굽혀펴기 얘기하니까 웃으셨어요.)

15Q 이천이나 청주는 상관없나요?

⑨ **15A** 네, 상관없습니다. 저는 양산기술 직무가 하고 싶어서 지원했기 때문에 이 일을 할 수 있다면 어디든 괜찮습니다.

16Q 마지막 할 말 있어요?

16A 네, 제가 아까 Selectivity에 대해 제대로 설명드리지 못한 것이 아쉬움이 남습니다. 면접을 보면서 더 SK하이닉스에 오고 싶다는 생각이 들었습니다.
기회가 되어 입사하게 된다면, 지금 이 순간의 마음을 잊지 않고 끝없이 성장하는 엔지니어가 되겠습니다. 감사합니다.

⑨ **센스 있는 답변이다.**
- 근무하는 장소보다 더 중요한 이유를 명확하게 전달했다.
- 누구나 상관없다고 답변하기 때문에 차별화되는 답변이다.

PART

2

인성면접

(2) R합격자 면접후기

준비했던 것들 내에서 질문이 나오기도 했고, 꼬리질문을 길게 하면서 압박하는 것도 없이 분위기가 좋아서 잘 봤다고 생각했는데 면접복기를 적어보니까 좀 이상한 답변도 있어서 걱정이 됩니다. 많은 사람들이 다 면접 분위기 좋았다, 잘 본 것 같다고 하니 정말 감도 안 오네요.

또 걱정인 건 최대한 고민하는 척 하며 바로 대답하지는 않았지만, 너무 준비된 답변들이라 비호감이었을까 싶기도 해요. 성적에 관한 질문이나, 이천/청주 질문에서요.

다행이라고 생각하는 것은 저도 긴장하지 않고 끝까지 웃으면서 최대한 당당하게 면접을 보았고, 마지막 할 말 때만 진지하게 말씀드렸습니다!

면접을 처음 준비하는 학생들은 먼저 어떤 질문들이 실제 면접에서 자주 나오는 지, 각각의 질문에 대해 어떤 식으로 답변해야 하는지를 대략적으로 파악해보도 록 하자. 질문들을 단순하게 나열하지 않고 일반적인 면접진행 순서에 따라 질 문내용별로 분류해놓았기 때문에 면접이 실제로 어떤 식으로 진행되는지 감을 잡을 수 있을 것이다.

실제 인성면접 기출문제 분석을 통한 답변 포인트

　지금까지는 인성면접의 중요성과 단계별 준비방법에 대해서 알아보고, 자소서와 인성면접을 논리적으로 연결해 합격한 사례를 정리했다. 이번 Chapter에서는 인성면접에서 자주 하는 질문을 소개하고 각 질문의 모범답안을 살펴보겠다.

　면접을 처음 준비하는 학생들은 먼저 어떤 질문들이 실제 면접에서 자주 나오는지, 각각의 질문에 대해 어떤 식으로 답변해야 하는지를 대략적으로 파악해보도록 하자. 질문들을 단순하게 나열하지 않고 일반적인 면접진행 순서에 따라 질문 내용별로 분류해놓았기 때문에 면접이 실제로 어떤 식으로 진행되는지 감을 잡을 수 있을 것이다.

　질문과 답변에 대해 어느 정도 파악했다면 이제부터는 면접위원의 관점에서 분석해야 할 시간이다. 질문의도를 파악하면 자연스럽게 면접위원의 관점에서 답변을 구상할 수 있다. 모범답안에서 KKK 답변구조를 익히고 답변 Point와 비교하면서 핵심적인 내용으로 답변을 구상할 수 있도록 연습해보자.

　모범답안은 면접위원의 관점을 바탕으로 작성한 것으로 우리 사회의 여러 논쟁거리에 대한 정답은 아니다. 따라서 본인이 생각하는 답이 아니더라도 모범답안을 보면서 면접위원의 마인드로 이미지 메이킹을 해보는 시간을 가져도 좋을 것이다.

　면접에서 답변의 목적은 면접위원을 설득하는 것이다. 지원자가 말하고 싶은 내용이 아니라 면접위원이 듣고 싶은 내용이어야 면접위원을 설득할 수 있다.

02 이력서 질문

1. 학점

(1) 질문 리스트

학점	✔ 학점이 낮은 이유가 무엇인가요?
	✔ 2학년 2학기의 학점이 유난히 낮은 이유는 무엇인가요? ✔ 교양학점과 전공학점의 차이가 왜 크다고 생각하나요?
석사/박사	✔ 학점이 좋은데 석사 진학은 고민해보지 않았나요?
	✔ 박사까지 연구를 진행하지 않고 취업하려는 이유가 있나요?

(2) Best 답변

◉ 인정하는 것부터 시작한다.

– 먼저 자신의 부족함을 인정해야 진실성이 전달된다.

◉ 보완/극복하기 위한 노력을 어필한다.

– 부족한 점을 보완하기 위해 어떤 노력을 했는지 설명한다.

– 보완한 결과, 극복한 내용까지 어필하면 더욱 좋다.

(3) Worst 답변

◉ 약점을 방어하기 위한 변명식의 답변은 절대 안 된다.

– 자신의 부족함을 정당화하는 지원자로 인식될 수 있다.

◉ 장황한 설명도 도움이 되지 않는다.

– 진실성 있는 구체적인 경험으로 면접위원을 설득해야 한다.

(4) Case 1 : 학점이 낮은 이유가 무엇인가요?

[◀ 인사담당자 시리즈 자소서편 p.67에서 연결]

① KKK 답변구조

1K 결론	동아리 활동에 열중하여 학업에 소홀했던 시기가 있었음

2K 근거	① 1~2학년 때, '풍물노리'라는 동아리 활동에 열중
	   - 1학년 때, 풍물동작 배우기 : 학교 내외의 공연에 참가
	   - 2학년 때, 상쇠 역할 : 공연을 기획, 리더로 공연 이끌기
	   - 조직에서 협업하는 방법을 배웠고, 상쇠로서 리더십도 발휘
	② 3학년 때부터 전공 공부에 집중
	   - 총학점은 3.7 이상, 전공학점은 3.8 이상을 취득

3K 강조	미흡한 학점은 죄송, 더 노력하는 신입사원이 되겠음

② 질문 의도

◉ 성실성, 진실성 파악

③ 답변 Point

◉ 부족함을 인정하고 솔직한 이유를 설명한다.

◉ 의미 있는 경험/활동과 배운 점을 근거로 제시한다.

◉ 보완 노력과 그 결과까지 설명하면 베스트이다.

(5) Case 2 : 학점이 다소 아쉬운 수준인데 성적에 대해 설명해 주세요.

① KKK 답변구조

1K 결론	제 불찰임을 인정, 동아리와 아르바이트에 시간을 뺏김

2K 근거	① 학생의 본분은 학업인데, 본분을 다하지 못한 점은 부끄러움
	② 대학 1~2학년 때, 학업 외에도 다양하게 체험하고 싶었음
	   - 동아리 회장으로 단체를 이끌어 보았음
	   - 다양한 아르바이트로 자립심을 키우기도 했음
	③ 3학년 복학 후, 전공 수업과 프로젝트를 열심히 하려고 노력
	   - 반도체 심화 전공을 듣고 프로젝트를 했으나 미흡한 성과
	   - 졸업 후 NCS 반도체 교육, 반도체 공정실습을 통해 부족한
	     직무역량을 채우기 위해 노력해왔음

3K 강조	학점은 지금도 후회, 빠르게 전문성을 키우는 엔지니어가 되겠음

2. 공백기 및 지원이력

(1) 질문 리스트

공백기에 한 일	✔ 1년 동안 휴학한 이유와 그때 했던 일을 설명해주세요.
	✔ 졸업 후 취업준비를 어떻게 하셨나요?
	✔ 졸업한 지 1년이 넘었는데 지금까지 어떻게 보내셨나요?
지원이력	✔ 이전에는 우리 회사의 어느 곳(사업부/직무)을 지원하셨나요?
	✔ 이번에 사업부/직무를 바꾼 이유는 무엇인가요?
	✔ 우리 회사 이외에 지원한 곳이 있나요?

(2) Best 답변

- ◉ 솔직한 이유를 설명한다.
  - – 휴학 또는 졸업 이후, 공백기를 가지게 된 이유를 설명한다.
  - – 지원이력은 간결하고 명확하게 설명한다.
- ◉ 의미 있는 노력(학습/경험)을 강조한다.
  - – 지원직무와 연관된 학습/경험을 강조해 입사 의지를 전달한다.
  - – 실패 원인을 분석한 내용, 이를 보완한 내용까지 전달하면 더욱 좋다.

(3) Worst 답변

- ◉ 공백기를 자신의 약점처럼 소극적으로 답변하지 말자.
  - – 자신감이 부족한 지원자로 인식될 수 있다.
- ◉ 두리뭉실한 답변도 도움이 되지 않는다.
  - – 진실성 있는 구체적인 답변으로 면접위원을 설득하자.

(4) Case 3 : 졸업 후 취업준비를 어떻게 하셨나요?

[◀ 인사담당자 시리즈 자소서편 p.67에서 연결]

① KKK 답변구조

1K 결론	• 6개월 전, 영업직군에 도전했지만 실패 • 실패를 거울삼아 보다 철저히 준비하여 재도전

2K 근거	① 현재 H상사에서 파트타임으로 경험을 쌓고 있음
	    – 수출국가/고객사/경쟁사 정보를 수집, 정리하여 영업사원 지원
	    – 책에서 배운 이론과 영업 현장은 다르다는 것을 느낌. 특히
	       영업 현장에서는 상황판단력과 추진력이 중요
	② 이론적인 마케팅 지식도 충전
	    – '디지털 마케팅 3.0' 같은 마케팅 서적을 읽음
	    – 마케팅 동호회 활동에도 참여

3K 강조	앞으로 영업 현장에서 실력을 쌓아 프로 영업맨으로 성장

② 질문 의도

- 자신감, 진실성 파악

③ 답변 Point

- 공백기의 이유, 취업준비 상황을 설명한다.
- 직무와 연관된 경험/활동을 제시한다.
- 경험/활동이 구체적일수록 좋다.

(5) Case 4 : 우리 회사 이외에 지원한 회사가 있나요?

① KKK 답변구조

1K 결론	반도체 회사만 몇 군데 지원

2K 근거	① 제 꿈은 반도체 엔지니어
	    – 전자공학을 전공하면서 반도체 역량을 쌓음
	② 그래서 반도체 회사만 지원
	    – 제일 입사하고 싶은 회사는 A사
	    – 인재제일, 최고지향 : 그 과정에 동참하는 것이 꿈

3K 강조	전문성을 쌓아 A사와 함께 성장

② 질문 의도

　　◎ 입사 의지, 진실성

③ 답변 Point

　　◎ 솔직하게 인정하되, 지원회사가 속한 산업에 초점을 맞추는 것이 좋다.

　　◎ 지원회사를 최우선으로 생각하는 이유를 제시하자.

　　◎ 경쟁사 이름은 직접 묻기 전에는 이야기하지 말자.

④ 추가적인 꼬리질문

　　◎ 우리 회사와 경쟁사의 장점/단점은 무엇인가요?

　　◎ 만약 우리 회사는 탈락하고 경쟁사에 합격한다면 어떻게 하시겠어요?

3. 직무관련 경력

(1) 질문 리스트 [◀ 인사담당자 시리즈 자소서편 p.67에서 연결]

인턴 연구생	✔ 인턴/계약직 경험이 있는데 어떤 일을 하셨나요? ✔ 학부연구생을 하게 된 계기가 무엇인가요?
아르바이트	✔ ○○아르바이트를 오래 하셨는데 특별한 이유가 있나요? ✔ 아르바이트를 하신 경험이 없는데 공부 이외의 시간에는 주로 무엇을 했나요?
직무 비관련	✔ 창업 활동을 오래 하셨는데, 어떤 내용인지 설명해주세요. ✔ 반도체와 관련 없는 자동차 회사 경력이 있네요. 회사를 바꾸려는 이유가 무엇인가요?

(2) 답변 Tip

　◎ 인턴/계약직, 학부연구생 등

　　－ 직무 연관성이 높으면, 구체적인 업무 내용을 설명한다.

　　－ 직무 연관성이 낮으면, 업무 내용은 간략하게 설명하는 대신 경험한 Tool이나 Process를 구체적으로 설명한다.

- 아르바이트 : 인성면접(임원면접)에서 중요하게 질문
  - 3개월 이상, 6개월 이상 등 근무기간이 길다면 적극 어필한다.
  - 건설현장, 물류창고 등 육체적으로 힘든 것도 좋은 경험이 된다.
- 직무 비관련 경력 : 자충스펙
  - 변명처럼 들리는 답변은 절대 안 된다.
  - 조직 생활에서 중요한 점, 엔지니어 마인드 등 배운 점을 설명하자.

(3) Case 5 : Y로봇에서 6개월 계약직으로 일하셨네요? 기억에 남는 일이 있나요?

① KKK 답변구조

1K 결론	회사 생활이 처음, 주인의식으로 행동하려고 노력
2K 근거	① 제가 신입사원으로 뭘 해야 인정받을 수 있을까? 생각 　 - 아버지께서 "처음 들어가서는 주인의식을 가져라"라고 말씀해주셔서 Y로봇에서 제 일이 아니라도 하려고 노력 ② 특히 HW팀 부속품 정리를 한 달을 걸쳐서 진행 　 - 과장님께서 덕분에 업무효율이 좋아졌다고 회식자리에서 칭찬 　 - 그 이후에는 신뢰받는 느낌을 받아서 좋았음
3K 강조	전문성과 함께 적극적인 행동이 중요

② 질문 의도

- 회사 경험을 통해 배운 점

③ 답변 Point

- 회사 생활에서 배운 점을 제시한다.
- 적극적이고 능동적으로 일한 경험을 근거로 설명한다.
  - 상사에게 칭찬받은 사례를 구체적으로 설명하면 베스트이다.
- 성장 가능성으로 마무리한다.

4. 대내외 활동

(1) 질문 리스트

동아리	✔ ○○동아리를 4년 동안 활동하신 이유는 무엇인가요? ✔ ○○동아리 활동을 하면서 갈등을 해결한 경험이 있나요? ✔ 반도체와 관련 없는 자작자동차동아리 활동이 많네요. 이 활동을 통해 얻은 점은 무엇인가요?
스포츠 활동	✔ 축구동아리를 오래 했는데 자신의 축구 실력을 점수로 매긴다면 몇 점인가요? ✔ 별다른 스포츠 활동이 없는데 스트레스는 어떻게 풀어요?
커뮤니티 / 블로그 활동	✔ ○○블로그를 운영하고 있는데 입사 후에도 계속 운영할 계획인가요? ✔ 요즘 회사원들이 개인 유튜브 방송을 하는 것에 대해 어떻게 생각하나요?
연수사항	✔ 4학년 때 일찍 ○○교육을 받은 계기가 있었나요? ✔ 최근에 반도체 교육과정을 4개나 수강한 이유가 뭔가요?

(2) 답변 Tip

○ 동아리
  – 조직 활동을 통한 리더십, 팀워크, 소통/협업을 강조한다.
○ 스포츠 활동
  – 적극적이고 긍정적인 경험을 어필한다.
○ 커뮤니티/블로그 활동
  – 자기계발, 자아실현 경험을 어필할 수 있다.
  – 하지만 면접위원 관점에서 부정적으로 생각할 수 있는 활동은 적지 않는 것이 좋다.
○ 연수사항
  – 직무 연관성이 높다면, 직무역량을 적극적으로 전달한다.
  – 직무 연관성이 낮다면, 직무에 대한 간접경험으로 설명한다.

(3) Case 6 : 굳이 많은 나라들 중에 폴란드로 교환학생을 간 이유 가 있나요?

① KKK 답변구조

1K 결론	2가지 강점이 폴란드를 선택하는 데 영향을 주었음
2K 근거	① 폴란드의 2가지 강점 　- 바르샤바공대의 컴퓨터학과가 머신러닝 분야로 유명 　- 폴란드 물가가 싸서 경제적인 측면에서도 유리 ② 목적은 데이터 분석을 학습하기 위함 　- 학부 시절 생산 및 품질에 관해 배웠음 　- 통계를 공부하면서 데이터 분석에 흥미를 느꼈고, 더욱 공 　　부하고자 교환학생에 지원
3K 강조	다양한 국적의 학생들과 지낸 것도 좋은 경험

② 질문 의도

　◉ 선택의 기준, 의사결정의 합리성

③ 답변 Point

　◉ 선택의 기준을 명확하게 제시한다.

　◉ 기준의 근거를 구체적으로 설명한다.

　◉ 경험을 통해 배운 점까지 어필하면 좋다.

5. 가치관 및 장단점

(1) 질문 리스트

가치관	✔ 자신의 가치관 3개를 선택하고, 자신의 단어로 정의해주세요. ✔ 아버지를 존경하는 이유는 무엇인가요? ✔ 아버지 이외에 존경하는 사람은 누가 있나요?
장단점	✔ 단점은 무엇이고, 그것을 보완하기 위해 어떤 노력을 했나요? ✔ 친구들이 말하는 지원자의 장점은 무엇인가요?

(2) 답변 Tip

○ 자신의 생각을 키워드로 명확히 제시한다.

○ 구체적인 사례/경험을 근거로 설명한다.

○ 자신의 성장 가능성으로 마무리한다.

(3) Case 7 : 자신의 가치관 3개를 선택하고, 자신의 단어로 정의 해주세요.

① KKK 답변구조

1K 결론	감사, 책임감, 전문성
2K 근거	① 3가지 가치관의 정의 　− 감사 : 사소한 것에도 감사하며 사는 것 　− 책임감 : 해야 할 일은 최선을 다해 완수하는 것 　− 전문성 : 엔지니어로서 실력을 갖추는 것 ② 이를 바탕으로 　− 친구들을 사귀고 대학교 생활을 하려고 노력
3K 강조	앞으로 3가지 가치관을 기반으로 성장하는 회사원이 되겠음

② 질문 의도

○ 성품, 가치관, 인생관

③ 답변 Point

○ 자신의 가치관과 지원회사의 인재상/직무를 참고하여 선택한다.

○ 자신의 단어로 정의하고, 발휘한 경험을 설명한다.

○ 가치관을 기반으로 성장 가능성을 어필한다.

(4) Case 8 : 아버지를 존경하는 이유는 무엇인가요?

① KKK 답변구조

1K 결론	회사에 대한 자부심과 가족에 대한 책임감을 존경
2K 근거	① A사에서 30년 근무 후 퇴직 　－ 퇴근시간이 늦고, 가끔 휴일에도 출근 : 항상 긍정적인 모습 　－ 어린 시절에는 불만도 있었지만, 크면서 아버지 입장을 이해 ② 집에서는 가훈인 '서도바살'을 실천하려고 노력 　－ '서로 도우며 바르게 살자'는 의미 　－ 가족들과 대화를 많이 하고, 가정 일을 자상하게 도움 　－ 가족의 행복을 책임진다는 책임감이 있기에 가능했다고 생각
3K 강조	저도 회사의 성장, 가족의 행복을 추구하는 회사원이 되겠음

② 질문 의도

　◉ 성품, 가치관

③ 답변 Point

　◉ 명확한 존경이유를 제시한다.

　◉ 구체적인 사례를 소개하여 설득력을 높인다.

　◉ 부모님이라도 존경이유가 차별화되고 구체적이라면 충분하다.

(5) Case 9 : 단점이 무엇이고, 보완하기 위해 어떤 노력을 했나요?

① KKK 답변구조

1K 결론	제 자신에 대해 '만족하지 않는다'는 것
2K 근거	① 원하는 결과가 나오지 않으면 투덜대는 습관 　－ 학교에서 학점이 낮으면, 공부에 재주가 없는 것일까? 　－ 군대에서 소대장에게 혼나면, 왜 이렇게 운이 없을까? ② 군대시절 : 첫 면회 때, 아버지의 조언 　－ "군대지만 긍정적인 생각으로 생활하면 스트레스가 적어진다." 　－ 이후 군대에서도, 복학해서도 이를 실천하려고 노력 　－ 매사를 긍정적으로 생각, 사소한 것에 감사한 마음
3K 강조	이제는 긍정과 감사의 가치가 제 삶에 있어 가장 중요한 요소

② 질문 의도

◎ 성품, 단점과 보완 노력, 진실성

③ 답변 Point

◎ 직무와 연관성이 적고, 개선 가능한 단점

　– 지원회사의 인재상/직무와 관련이 적은 단점을 선택한다.

　– 단점의 사례는 간단히, 보완하려는 노력과 그 결과를 자세히 설명한다.

　– 변화된 모습까지 어필하면 베스트이다.

(6) Case 10 : 친구들이 말하는 지원자의 장점은 무엇인가요?

① KKK 답변구조

1K 결론	친구들이 인정하는 제 장점은 '근성과 책임감'
2K 근거	① 친구들은 무슨 일이든 저에게 맡기면 안심이 된다고 함 ② 대학 4학년 때, 신소재 A프로젝트를 5명의 멤버들과 진행 　– 가장 어려운 실험과정을 자청하여 진행 　– 1주일 동안 10번 이상 실험했으나 원하는 결과가 나오지 않음 　– 멤버들은 포기하자는 의견도 제시 ③ 교수님을 직접 찾아가 도움을 부탁드림 　– 석사과정 선배의 도움을 받아 유의미한 실험 결과를 도출
3K 강조	앞으로 실무 경험을 더하여, B직무의 전문가로 성장

② 질문 의도

◎ 타인이 보는 장점은?

③ 답변 Point

◎ 친구들이 인정하는 장점을 선택한다. 직무와 연관성이 있으면 더욱 좋다.

◎ 장점을 증명할 수 있는 대표경험을 구체적으로 설명한다.

◎ 성장 가능성으로 마무리한다.

6. 스트레스 및 취미

(1) 질문 리스트

스트레스	✔ 스트레스를 해소하는 자신만의 방법은 무엇인가요?
	✔ 주말/휴일에는 주로 무엇을 하며 보내나요?
	✔ 기억에 남는 여행지는 어디이고, 이유는 무엇인가요?
	✔ 감명 깊게 본 영화는 무엇이고, 이유는 무엇인가요?
	✔ 최근에 읽은 책 or 가장 감명 깊게 읽은 책은 무엇인가요?
취미/특기	✔ 취미 또는 특기가 무엇인가요?

(2) 답변 Tip

- ◎ 스트레스 관련 질문은 최근에 질문 빈도가 매우 높다.
  - – 어느 일을 하든, 상사 또는 고객과 관련된 스트레스는 당연하기 때문이다.
  - – 스트레스 해소방법을 명확히 제시하고, 긍정적인 마인드를 어필하자.
- ◎ 취미/특기의 경우, 2가지를 제시해도 좋다.
  - – 스포츠 활동과 같이 Active한 것과 요리처럼 Inactive한 것을 제시하자.

(3) Case 11 : 스트레스를 해소하는 자신만의 방법은 무엇인가요?

① KKK 답변구조

1K 결론	농구, 노래방 노래하기
2K 근거	① 평소에는 친구들과 농구 　– 땀을 흘리다 보면 스트레스가 저절로 해소 ② 열심히 진행한 프로젝트의 결과가 좋지 않으면, 　– 팀원들과 노래방에 가서 스트레스를 날리곤 했음 ③ 스트레스를 해소하고 긍정적으로 생각하려고 노력 　– 그 원인을 반복하지 않으면 성장을 위한 힘이 된다고 생각
3K 강조	일에 대한 스트레스도 성장 기회로 활용하겠음

② 질문 의도

　　◎ 직장인에게 스트레스는 일상적인 일

③ 답변 Point

　　◎ 스트레스 해소 방법을 제시한다.

　　◎ 구체적인 사례를 설명하여 설득력을 높인다.

　　◎ 긍정적인 태도를 어필한다.

(4) Case 12 : 취미가 여행인데, 가장 인상 깊었던 여행과 교훈이 있나요?

① KKK 답변구조

1K 결론	동남아시아 여행 중, 소매치기를 극복
2K 근거	① 후배와 동남아시아 배낭여행 중, 후배의 짐을 소매치기 당함 ② 후배를 안심시키고, 현지 경찰서를 찾아가려고 택시 승차 　－ 기사가 6배 금액 요구 : 용기내서 큰 목소리로 경찰에 신고한다고 엄포 　－ 택시기사는 원금만 지불하라고 포기 ③ 현지 경찰서에서 영어와 바디랭귀지로 사건 접수 　－ 신고확인서를 요청하여 받았으나, 짐을 찾지는 못했음 　－ 귀국 후, 후배가 신고확인서로 보험 혜택을 받도록 도움
3K 강조	호랑이 굴에 들어가도 정신을 차리면 해결할 수 있다는 것을 경험

② 질문 의도

　　◎ 호감과 신뢰감 파악

③ 답변 Point

　　◎ 긍정적 가치관, 배운 점을 어필

　　　－ 가장 인상이 깊었던 여행을 제시한다.

　　　－ 위기상황 및 극복과정을 설명한다.

　　　－ 배운 점을 통해 긍정적인 가치관을 강조한다.

1. 지원동기 및 직무역량

(1) 질문 리스트

지원동기	✔ 우리 회사를 지원한 동기가 무엇인가요?
	✔ 우리가 당신을 꼭 채용해야 하는 이유는 무엇인가요?
	✔ 우리 회사에 대해 알고 있는 것을 말해주세요.
직무역량	✔ ○○ 직무를 선택한 이유는 무엇인가요?
	✔ ○○ 직무를 잘 할 수 있는 자신의 역량은 무엇인가요?

(2) 답변 Tip

- 결론을 간결하게 제시한다.
- 구체적인 노력(학습/경험)을 통해 얻은 성과를 제시한다.
- 입사 후 목표로 마무리한다.

(3) Case 13 : 우리 회사를 지원한 동기가 무엇인가요?

① KKK 답변구조

1K 결론	• 전자공학을 전공하면서 모바일 분야를 집중 학습 • D사는 최고의 엔지니어라는 인생 목표를 실현할 수 있는 기업
2K 근거	① 대학교 3학년 때부터 통신 분야에 관심을 가짐 – '블루투스 삼각 측정을 통한 위치 찾기' 프로젝트 진행 – 모바일 분야의 특징인 휴대성과 이동성에 매력을 느낌 ② 제 인생 목표는 최고의 모바일 엔지니어. 이 목표를 이룰 수 있는 곳이 D사 – 최고에 도전하는 D사의 도전과정에 힘을 보태고 싶음 – 고객에게 새로운 가치를 제공하고, 삶의 가치를 추구하는 D사의 비전을 통해 제가 일할 곳이라는 확신을 갖게 됨
3K 강조	D사의 성장에 기여하는 프로 엔지니어가 되겠음

② 질문 의도

　　◎ 회사에 대한 열정은?

③ 답변 Point

　　◎ 가치관, 인생목표가 반영된 지원동기를 제시한다.

　　◎ 치열한 노력/성과를 통해 입사 의지와 열정을 어필한다.

　　◎ 입사 후 목표로 마무리한다.

(4) Case 14 : 우리가 당신을 꼭 채용해야 하는 이유는 무엇인가요?

① KKK 답변구조

1K 결론	• N사업 개발업무의 프로로 성장할 수 있는 역량을 가지고 있음 • 전공지식, 직무경험, 그리고 창의성을 두루 갖춘 인재
2K 근거	① N사업 개발업무에 필요한 전공지식을 갖춤 　– 전자공학을 전공하면서 물리학, 화학의 기본 지식도 수강 ② ○○개발 프로젝트를 진행 　– 직무 관련 경험을 쌓음 　– 개발 엔지니어에게 필요한 창의성을 습득
3K 강조	앞으로 N사업 실무지식을 접목, 새로운 공정기술을 개발하겠음

② 질문 의도

　　◎ 조직문화/직무에 적합한가?

③ 답변 Point

　　◎ 2~3가지 직무경쟁력/성장가능성 제시

　　　– 2~3가지 직무역량 제시

　　　– 직무역량을 명확하게 설명해서 뒤집기 승부를 걸어라.

　　　– 입사 의지/열정을 강조한다.

　　◎ '질문시점'이 중요하다.

　　　– 면접 초반에 물으면, 지원동기와 유사한 질문이다.

　　　– 면접 후반에 물으면, "합격이 어렵다. 마지막 기회를 줄테니 설득해 달라."는
　　　　뜻이다.

(5) Case 15 : 프로젝트도 로봇이고 계약직도 로봇이고, 로봇 쪽에 관심이 많으신 것 같은데 왜 반도체 회사에 지원하셨나요?

① KKK 답변구조

1K 결론	로봇에 관심 있어서 진학, 로봇학과 특성상 회로설계 공부에 집중

2K 근거	① 기계를 움직이는 회로설계 쪽에 관심이 생김
	  – 회로 전공 커리큘럼을 짜서 수강, 관련 프로젝트도 진행
	② S사 L사업부 채용설명회 참석
	  – 거대한 잠재성에 매력을 느껴서 준비하게 되었음
	③ L사업부 출신 교수님 덕분에 연구실 참여
	  – 회로설계 연구를 진행하며 역량을 쌓을 수 있었음

3K 강조	하드웨어 기반의 회로설계 경험을 바탕으로 기여하겠음

② 질문 의도

   ○ 지원하기 위한 열정과 노력

③ 답변 Point

   ○ 지원 직무와 연관된 역량을 제시한다.

   ○ 지원하기 위한 노력, 치열한 준비과정을 근거로 설명한다.

   ○ 기여하고 싶다는 열정으로 마무리한다.

(6) Case 16 : 평가분석 직무를 선택하게 된 이유는 무엇인가요?

① KKK 답변구조

1K 결론	분석하고 개선하는 과정을 잘 할 수 있기 때문
2K 근거	① 평가분석 직무를 지원하기 위한 3가지 역량 　– 데이터 분석 역량과 프로그래밍 언어 역량 　– 6시그마 BB 자격증 　– 반도체 소자 및 공정 이해 ② 직무도 제대로 분석, 잘 할 수 있다는 확신을 가지고 지원 　– 캠퍼스 채용설명회에서 선배들한테 제 역량을 말하고 어떤 직 　　무에서 발휘할 수 있는지 조언을 들었음 　– 직무체험의 장을 다녀온 친구의 의견도 듣고 결정
3K 강조	제 몫을 다하는 엔지니어로 기여하겠음

② 질문 의도

　◎ 지원 직무에 대한 열정, 직무역량을 쌓기 위한 노력

③ 답변 Point

　◎ 직무 관련 강점을 명확히 제시한다.

　◎ 구체적인 직무역량을 2~3개 설명한다.

　　– JD에 있는 직무역량과 연관된 것이면 베스트이다.

　◎ 기여하겠다는 의지로 마무리한다.

(7) Case 17 : 양산관리 직무에서 가장 중요한 Factor가 뭐라고 생각하세요?

① KKK 답변구조

1K 결론	TAT, WIP, 병목공정에 대해서 빠르게 대처, 해결하는 역량
2K 근거	① TAT는 Turn Around Time – 반도체가 Fab in, Fab out까지 걸리는 시간 – 납기와 관련 있기 때문에 중요하게 다뤄져야 되는 부분 ② WIP는 재공재고의 개념 – 납기와 생산 공정에 있어 시간을 줄이는데 많은 영향을 끼침 ③ 병목공정이 생기면 모든 생산시간이 지연됨 – 병목공정을 빠르게 해결하는 능력도 중요
3K 강조	산업공학에서 배운 전공지식을 활용하여 생산성에 기여

② 질문 의도

  ◉ 지원 직무에 대한 직무역량 검증

③ 답변 Point

  ◉ 직무에 필요한 핵심 키워드를 2~3개 제시한다.

    – JD에 설명되어 있는 키워드라면 더욱 좋다.

  ◉ 핵심 키워드의 내용을 구체적으로 설명한다.

    – 키워드가 중요한 이유까지 설명하면 베스트이다.

  ◉ 기여하겠다는 의지로 마무리한다.

(8) Case 18 : 구매직무를 선택한 이유는 무엇인가요?

① KKK 답변구조

1K 결론	• 일상에서 구매기술+협상능력을 길러왔음 • A사에서 실무에 적용하여 구매 전문가로 성장하고 싶음
2K 근거	① 물건을 구입할 때, 발품을 팔아 가성비 최고의 제품을 구매 　　－ 시장조사를 통해 품질과 가격을 모두 만족시키는 상점을 선택 　　－ 이런 경험이 우수한 공급업체를 발굴하는데 빛을 발휘할 것 ② 구매 전문가로 성장하는데 필요한 뛰어난 협상능력을 보유 　　－ 동남아시아 여행을 할 때, 초반에는 금전적으로 손해를 봄 　　－ 하지만 상점/택시 등에서 저만의 협상방식을 끊임없이 시도 　　－ 친구들 사이에서 물건가격 깎기의 달인으로 통하게 되었음
3K 강조	저의 이러한 협상 경쟁력 = 혁신적인 구매 전문가 밑거름

② 질문 의도

　◉ 지원 직무에 대한 열정, 직무역량을 쌓기 위한 노력

③ 답변 Point

　◉ 직무 관련 강점을 명확히 제시한다.

　◉ 구체적인 직무역량을 2~3개 설명한다.

　　－ JD에 있는 직무역량과 연관된 것이면 베스트이다.

　◉ 기여하겠다는 의지로 마무리한다.

2. 포부 및 도전 경험

(1) 질문 리스트

미래목표	✔ 입사 후, 이루고 싶은 꿈은 무엇인가요?
	✔ 5년 후, 10년 후 어떤 사람으로 성장하고 싶나요?
도전경험 = 창의성	✔ 가장 도전적인 목표는 무엇이었고, 그것을 성취하기 위한 노력이 있나요?
	✔ 기존과는 다른 방식을 시도하여 개선했던 경험 중, 가장 효과적이었던 것은 무엇인가요?
	✔ 스스로 높은 목표를 세워 시도했던 경험 중 기억에 남는 것이 있나요?
	✔ 가장 크게 실패한 경험, 또는 실수한 경험은 무엇인가요?

(2) 답변 Tip

- 도전적인 Goal, 도전했던 경험을 제시한다.
  - 지원 직무와 연관된 내용이면 좋다.
- Goal이나 경험을 구체적으로 설명한다.
- 회사 성장에 기여하겠다고 마무리한다.

(3) Case 19 : 입사 후 이루고 싶은 꿈은 무엇인가요?

① KKK 답변구조

1K 결론	20년 내, 신소재의 P소자를 설계/생산

2K 근거	① 입사 후, 기본기를 착실히 쌓겠음
	    - 선배들의 현장 경험/지식을 제대로 전수받겠음
	② 5년 이후, P소자 전문가로 성장
	    - 불량이슈의 원인 분석, 해결할 수 있는 역량을 습득
	③ 10년 이후, 신소재를 적용한 P소자 개발에 성공
	    - Q사의 창조상을 수상하겠음

3K 강조	Q사의 성장에 기여하는 엔지니어

② 질문 의도

  ◎ 오래 다닐 사람인가?

③ 답변 Point

  ◎ 도전적이고 실현 가능한 Goal을 제시한다.

    – 지원 직무에서, 입사 20년 후, 실현 가능한 목표를 제시한다.

  ◎ 단기, 중기, 장기로 나누어 단계적인 Plan을 설명한다.

  ◎ 기여하겠다는 의지로 마무리한다.

(4) Case 20 : 가장 도전적인 목표와 그것을 성취하기 위한 노력 이 있나요?

① KKK 답변구조 [▶ 공모전 활용–1, p.141 Case 22로 연결]

1K 결론	대학교 4학년 때 '캠퍼스 특허전략 공모전'에 도전

2K 근거	① 'M사업의 Olefin수율 향상을 위한 기술개발전략' 제시 목표
	  – 이론과 실무를 간접적으로 경험하려는 목적
	② 6개월 동안 2천 건의 국내외 특허를 조사 분석
	  – 완전히 반응하지 않은 이산화탄소는 촉매의 물성을 떨어뜨려 Olefin의 수율을 감소시키는데, 관련 연구는 미흡하다는 것을 파악
	  – 이에 착안, 반응 후의 이산화탄소를 반응 전으로 Recycling 시키는 공정을 제시 … (중략)
	③ 새로운 수율 향상방안과 원가 절감방법을 제시 → 장려상 수상

3K 강조	분석적인 사고 + 새로운 시각으로 해결방안 도출

② 질문 의도

  ◎ 도전성/실행력은?

③ 답변 Point

- 도전했던 상황과 장애요인을 설명한다.
- 장애를 극복하기 위한 Action을 구체적으로 설명하여 승부근성을 어필한다.
- 결과와 배운 점으로 마무리한다.

(5) Case 21 : 스스로 높은 목표를 세워 시도했던 경험은 무엇인 가요?

① KKK 답변구조

1K 결론	순수 화학도로서 화공기사 자격증을 취득

2K 근거	① 플랜트를 공부하며 화공기사 취득을 결심
	② 스터디그룹을 모집, 4개월 안에 화공기사 취득을 목표로 공부
	    – 한 달이 지나자 지쳐가기 시작했고 한계를 느낌
	③ 조원들과 인터넷 강의를 청취, 어려운 문제는 같이 해결
	    – 24시간을 효율적으로 활용, 몰입도를 높여 학습
	④ 3학년 2학기 때, 취득에 성공

3K 강조	도전정신의 중요성을 알게 해준 경험

② 질문 의도

- 도전/실행력은?

③ 답변 Point

- 달성하기 어려운 목표를 세운 배경을 설명한다.
- 장애요인을 극복한 과정을 2~3가지 설명하여 강한 실행력을 어필한다.
- 결과와 배운 점으로 마무리한다.

(6) Case 22 : 기존과 다른 방식으로 시도하여 개선했던 경험이 있나요?

① KKK 답변구조 [◀ 공모전 활용-2, p.139 Case 20에서 연결]

1K 결론	대학교 4학년 때 '캠퍼스 특허전략 공모전'에 도전
2K 근거	① 'M사업의 Olefin수율 향상을 위한 기술개발전략' 제시 목표 　- 개선 아이디어를 도출하고, 이론과 실무를 경험하려는 목적 ② 6개월 동안 2천 건의 국내외 특허를 조사 분석 　- 완전히 반응하지 않은 이산화탄소는 촉매의 물성을 떨어뜨려 Olefin의 수율을 감소시키는데, 관련 연구는 미흡하다는 것을 파악 　- 이에 착안, 반응 후의 이산화탄소를 반응 전으로 Recycling 시키는 공정을 제시 … (중략) - 새로운 수율 향상방안과 원가 절감방안을 제시 ③ 연구 내용의 창의성을 인정받아 장려상 수상
3K 강조	엔지니어는 새로운 시각으로 해결방안 도출하는 창의성이 중요

② 질문 의도

　◎ 창의성 발휘 역량은?

③ 답변 Point

　◎ 창의성이 필요했던 상황을 설명한다.

　◎ 남다른 시각, 발상의 전환을 통해 창의성 발휘가 가능한 사람임을 어필한다.

　◎ 결과와 배운 점으로 마무리한다.

　　- 도전 경험과 창의성 경험은 내용상, 서로 호환되는 경우가 많다.

3. 대인관계 및 갈등 경험

(1) 질문 리스트

대인관계	✔ 팀 프로젝트를 하면서 팀원과 갈등을 겪었던 경험을 이야기 해주세요.
	✔ 친구들이 당신을 부르는 별명은 무엇이고, 그 이유는 무엇인가요?
	✔ 친구를 사귈 때 가장 중시하는 점은 무엇인가요?
인간미 (배려/조화)	✔ 손해를 감수하고 자신이 중요시하는 가치를 지켰던 경험이 있나요?
	✔ 자신이 노력한 만큼 결과가 주어지지 않을 때는 어떻게 하나요?

(2) 답변 Tip

- 상황을 간결하게 설명한다.
- 가치관을 지킨 생각/행동을 통해 친화력이나 인간미를 어필한다.
- 결과 및 느낀 점으로 마무리한다.

(3) Case 23 : 팀 프로젝트를 하면서 팀원과 갈등을 겪었던 경험을 이야기해주세요.

① KKK 답변구조

1K 결론	3학년 때, 2학기 내내 진행된 R프로젝트에서 팀원과 다툰 경험
2K 근거	① 커뮤니케이션을 통해 세상을 바꾸어 보자는 프로젝트 진행 　－ 3분의 2가 지났을 때, 한 팀원이 주제를 재선정하자고 주장 ② 어떤 주제를 하고 싶은가? 물었을 때, 　－ 같이 생각해보자는 무책임한 말 － 화가 났고, 말싸움까지 함 ③ 결국 며칠이 걸린 대화와 설득을 통해 팀원을 납득시킴 　－ 제가 진행했던 방식이 독선적으로 느껴진 것이 아닌지 반성 　－ 지금까지의 과정을 되짚어보고, 다른 대안도 생각하는 기회 　－ 팀원들과 협업으로 'SNS를 통한 갈등극복방안'을 성공적으로 마무리
3K 강조	다른 사람의 의견도 존중해야 신뢰와 성과를 만들 수 있음

② 질문 의도

　◎ 팀을 위한 희생정신, 팀원 배려 어필

③ 답변 Point

　◎ 갈등이 발생한 상황을 설명한다.

　◎ 갈등 극복과정에서 자신의 역할을 강조하여 원만한 대인관계를 어필한다.

　◎ 결과와 배운 점으로 마무리한다.

4. 소통 및 리더십 경험

(1) 질문 리스트

소통 경험	✔ 단체/모임을 위한 활동이나 노력한 경험 가운데, 가장 기억에 남는 것은 무엇인가요?
	✔ 팀 플레이를 할 때 동료가 비협조적이라면 어떻게 하겠나요?
리더십 경험	✔ 리더십 경험 중, 팀 목표달성의 관점에서 보람이나 기억에 남는 것은 무엇인가요?
	✔ 팀워크에서 가장 중요한 요소는 뭐라고 생각하나요?

(2) 답변 Tip

- ◉ 실제 경험의 결과를 제시한다.
- ◉ 경험이나 생각을 구체적으로 설명한다.
  - – 무조건적인 양보가 중요한 것이 아니다.
  - – 팀/조직 전체의 관점에서 생각하고, 소신 있는 태도가 중요하다.
- ◉ 배운 점으로 마무리한다.

(3) Case 24 : 단체/모임을 위한 활동이나 노력한 경험이 있나요?

① KKK 답변구조 [▶ 다국적팀 활용—1, p.145 Case 25로 연결]

1K 결론	중국 인민대학교 하계프로그램 – 팀워크로 다국적팀 프로젝트 완성
2K 근거	① Social history 팀 프로젝트 진행 – 제가 리더 역할 　– 프랑스 등 4개국 4명의 팀원, 문화 차이와 의사소통의 문제로 거리감 ② 1박2일 상해 여행을 제안, 서로를 이해하는 시간 　– 무슬림인 친구의 종교를 이해 – 돼지고기를 피하는 식단 　– 경제적으로 부족한 홍콩 친구 – 절약하는 여행 ③ 여행 후 환상적인 팀워크 – 보고서를 성공적으로 마무리 　– 팀원들로부터 마지막에 "You are the best"라는 말을 들었음
3K 강조	다양한 팀원을 하나로 뭉치게 한 힘은 소통

② 질문 의도

  ⊙ 팀을 위한 희생정신, 팀원 배려 어필

③ 답변 Point

  ⊙ 팀 활동의 상황을 설명한다.

  ⊙ 팀을 위한 희생, 팀원에 대한 배려를 통하여 팀워크 발휘 역량을 어필한다.

  ⊙ 결과 및 배운 점으로 마무리한다.

(4) Case 25 : 리더십 경험 중, 팀 목표달성 관점에서 기억에 남는 것은 무엇인가요?

① KKK 답변구조 [◀ 다국적팀 활용–2, p.144 Case 24에서 연결]

1K 결론	중국 인민대학교 하계프로그램 – 리더십으로 프로젝트 완성

2K 근거	① 제가 리더를 자청 – 한국 대표, Social history 프로젝트 진행
	  – 프랑스 등 4개국 4명의 팀원 – 문화 차이, 의사소통의 문제로 거리감
	② 리더로서 해결책 필요 – 1박2일 상해 여행을 제안, 서로를 이해하는 시간
	  – 무슬림인 친구의 종교를 이해 – 돼지고기를 피하는 식단
	  – 경제적으로 부족한 홍콩 친구 – 절약하는 여행
	③ 여행 후 환상적인 팀워크 – 보고서를 성공적으로 마무리
	  – 팀원들로부터 마지막에 "You are the best"라는 말을 들었음

3K 강조	리더십의 요체 : 소통+문제해결

② 질문 의도

  ⊙ 조직을 이끄는 리더십, 문제해결능력 어필

③ 답변 Point

  ⊙ 리더십을 발휘했던 상황을 설명한다.

- 문제해결을 주도했던 경험을 통해 리더십과 문제해결역량을 어필한다.
- 결과 및 배운 점으로 마무리한다.

(5) Case 26 : 팀워크에서 가장 중요한 요소는 뭐라고 생각하나요?

① KKK 답변구조

1K 결론	문제를 해결하고자 하는 적극적인 자세
2K 근거	① 목표가 정해져 있을 때 　　– 적극적인 자세가 결과를 좋게 하고 시너지를 낼 수 있음 ② 졸업논문 프로젝트 경험을 설명 ③ 제가 프로젝트 팀장을 자청해서 맡음 　　– 팀원들의 적극적인 자세를 유도하는 역할 　　– 팀을 성공적으로 이끌려고 노력
3K 강조	적극적인 자세가 팀워크 속에서 성과를 만들 수 있음

② 질문 의도

- 리더십, 팀워크

③ 답변 Point

- 팀워크에 필요한 요소를 제시한다.
- 팀워크를 발휘했던 경험을 구체적으로 설명한다.
- 결론을 재강조하고 마무리한다.

(04) 갈등상황 제시 질문

1. 갈등상황 검증 요소 3가지 [◀ p.42 갈등상황 제시질문의 탈출법에서 연결]

면접에 합격하여 신입사원이 된다는 것은 특정 조직(회사)의 일원이 되었다는 의미이다. 개인이 아니라 조직의 시각에서 생각하고 일해야 한다는 것이다. 그 과정에서 개인의 판단 실수는 조직 전체에 영향을 주게 된다. 그래서 회사는 신입사원의 생각을 면접에서 세밀하게 검증하고자 한다. 조직관/로열티, 기업관, 노사관 같은 3가지 검증요소가 있다.

- ○ 조직관/로열티
  - 조직원으로서 의무/책임감 및 주인의식을 가지고 있는가?
  - 전체의 목적을 위해 자신을 양보(희생) 할 수 있는가?
  - 소속집단에 대한 긍지와 자부심이 있는가?
- ○ 기업관
  - 기업 활동에 대한 올바른 신념과 태도를 가지고 있는가?
- ○ 노사관
  - 노조활동에 대한 올바른 인식과 생각을 가지고 있는가?

2. 조직관/로열티 - 이상과 현실의 갈등

(1) 질문 리스트

이상과 현실의 갈등	✔ 내부 고발자의 보호에 대한 관심이 커지고 있는데, 어떻게 생각하나요?
	✔ 자신의 신념이 회사의 업무 방침과 배치되는 경우에는 어떻게 하겠나요?
	✔ 학생과 직장인의 차이는 무엇인가요?
	✔ 바람직한 직장인상은 무엇인가요?

(2) Best 답변

- 절충안을 제시한다.
  - 절충안이지만 이상적인 가치를 훼손하지 않은 범위 내에서 답변해야 한다.
- 만약 절충안이 불가능할 경우에는 이상적인 가치를 선택하는 것이 좋다.
  - 공기업의 기업문화 관점에서 생각하면 이해가 될 것이다.
  - 결과보다 과정을 중시하고, 성과보다는 합리성이 필요하기 때문이다.

(3) Worst 답변

- 이상적인 원칙만을 고집해서는 안 된다.
  - 면접위원 관점에서 같이 일하기 답답한 사람으로 인식된다.
- 처음부터 원칙을 무시하고 현실과 타협하는 것도 좋지 않다.
  - 공기업 직원으로서 사고 칠 가능성이 있는 사람으로 인식된다.

(4) Case 27 : 내부 고발자의 보호에 대한 관심이 커지고 있는데, 어떻게 생각하나요?

① KKK 답변구조

1K 결론	내부 절차를 통해 해결하는 것이 합리적

2K 근거	① 고쳐야 할 문제가 있다면, 먼저 내부 절차를 통해 개선
	    – 선배나 상사와 협의, 해결방안을 모색
	    – 안되면 내부 프로세스를 통하여 해결을 시도
	② 개인의 생각보다 조직 전체의 입장이 중요
	    – 조직 내부에서 합리적인 개선방안을 모색

3K 강조	회사 전체의 지속성 관점에서 해결

② 질문 의도

　○ 조직친화적, 판단력 있는가?

③ 답변 Point

　○ 내부에서 해결하는 것이 최선이라고 결론을 제시한다.

　○ 절충안을 설명하되, 개인 의견도 피력한다.

　　- 그에 대한 근거(나의 의견)를 설명하여 조직친화적인 지원자임을 어필한다.

　○ 개인 의견보다 조직의 지속성이 우선임을 강조한다.

3. 조직관/로열티 - 조직과 개인의 갈등

(1) 질문 리스트

조직과 개인의 갈등	✔ 입사 후 본인이 원하지 않는 부서에 배치된다면, 어떻게 하겠나요?
	✔ 회사가 지방근무(비연고지 근무)를 지시한다면, 어떻게 하겠나요?
	✔ 당신이 팀장이고 팀원이 10명이다. 한 명에게는 반드시 최하 평가를 줘야 한다면, 누구에게 주겠나요?
	✔ 팀 내에서 일을 잘 못하는 선배 때문에 당신의 업무가 늦어진다면, 어떻게 할 건가요?

(2) Best 답변

　○ 절충안을 제시한다.

　　- 먼저 조직 요구를 수용하고, 필요할 때 개인 의견도 제시해야 한다.

　　- 개인 의견을 쉽게 포기하면 소신이 약한 사람으로 인식된다.

　○ 절충안에는 다음 내용을 포함하는 것이 좋다.

　　- 조직 내의 규정된 보고체계를 지킨다.

　　- 개인적으로 손해가 되더라도 대화와 절차를 통해 해결한다.

(3) Worst 답변

● 극단적인 선택을 해서는 안 된다.

  – 개인 이해를 고집하거나 무조건 조직 요구를 수용하지 말자.

● 다음과 같은 답변도 극단적인 선택에 해당된다.

  – 선배, 상사를 거치지 않고 최고 상급자에게 바로 보고해서는 안 된다.

  – 상사에게 고자질하는 것으로 인식되면 안 된다.

(4) Case 28 : 입사 후 본인이 원하지 않는 부서에 배치된다면 어떻게 하겠나요?

① KKK 답변구조

1K 결론	제 의견을 전달 → 그래도 안되면, 회사 의사결정을 존중

2K 근거	① 제일 잘 할 수 있는 부서라서 선택
	  – 때문에 다른 부서에 배치된다면 다소 서운
	② 하지만 회사 의사결정을 존중하는 것이 더 중요
	  – 회사에는 모든 부서가 중요한 역할을 수행
	  – 배치된 부서와 제 역량의 접합점을 찾겠음

3K 강조	새로운 경험 기회, 부서의 일원이 되도록 노력

② 질문 의도

● 조직친화적, 판단력 있는가?

③ 답변 Point

● 개인 의견을 제시한 후, 불가하다면 회사의 의사결정을 존중한다.

  – 지원한 부서/직무에 대한 경쟁력을 설명하되, 조직의 필요성이 우선이다.

● 회사 요구를 수용하고 개인적인 노력을 하겠다는 긍정적인 조직관을 어필한다.

● 새로운 경험의 기회로 삼겠다고 마무리한다.

4. 조직관/로열티 - 상사와 부하의 갈등

(1) 질문 리스트

상사와 부하의 갈등	✔ 상사가 불합리한 일을 시킨다면, 어떻게 하시겠어요?
	✔ 열심히 일했는데 상사가 제대로 평가해주지 않으면, 어떻게 할 건가요?
	✔ 업무상 상사의 부정을 알게 된다면, 어떻게 하겠나요?
	✔ 상사가 지원자는 싫어하는 취미생활을 강요한다면, 어떻게 하겠나요?

(2) Best 답변

◉ 절충안을 제시한다.
   - 먼저 조직 요구를 수용하고, 필요할 때 개인 의견도 제시해야 한다.
   - 개인 의견을 쉽게 포기하면 소신이 약한 사람으로 인식된다.
◉ 상사의 역할이나 입장에서 생각하는 것이 중요하다.
   - 조직이해능력의 관점에서 대화와 절차를 통해 해결한다.

(3) Worst 답변

◉ 극단적인 선택을 해서는 안 된다.
   - 이상적인 원칙을 지나치게 고집하거나 무조건 상사의 지시를 수용하지 말자.
◉ 개인의 주관이나 입장에서만 생각해서는 안 된다.
   - 지시를 받자마자 상사에게 반대 의견을 제시하지 말자.

(4) Case 29 : 상사가 불합리한 일을 시킨다면, 어떻게 하시겠어요?

① KKK 답변구조

1K 결론	일을 수행하면서 개선 모색

2K 근거	① 지시내용을 파악하고 제 의견을 제시한 후,
	     – 상사의 의지가 확고하면 일을 수행하면서 개선방안을 모색
	       하겠음
	 ② 그렇게 생각하는 이유
	     – 경험이 많은 상사 입장에서 뭔가 이유가 있을 것
	     – 신입인 제가 미처 생각하지 못한 이유가 있을 것

3K 강조	중간 보고를 자주 하겠음 : 상사의 의중을 확인, 제 의견도 전달

② 질문 의도

- 조직친화적, 판단력 있는가?

③ 답변 Point

- 회사 요구 수용, 개인 의견도 제시
  - 지시를 수행하면서 개선을 모색하겠다는 결론을 제시한다.
  - 먼저 상사의 지시를 수용하는 이유를 명확하게 설명하면 된다.
  - 그 다음에 필요 시, 개인 의견도 포기하지 않고 제시하는 것이 좋다.

5. 기업관

(1) 질문 리스트

기업관	✔ 기업이 사회 발전을 위해 가장 우선적으로 해야 할 일은 무엇인가요?
	✔ 성장정책과 복지정책 가운데 무엇을 우선시해야 하나요?
	✔ 경제 민주화에 대한 본인의 의견은 어떤가요?
	✔ 사회 양극화를 해소하기 위한 방안은 무엇인가요?

(2) Best 답변

◉ 이익 창출이 최우선의 목표라고 강조한다.
  – 이익의 사회 환원은 부차적인 목표이다.
◉ 기업의 성장이 곧 사회 구성원으로서의 책임을 다하는 것이다.
  – 이익과 성장을 통해 더 많은 사업/일자리를 만드는 기업이 좋은 기업이다.

(3) Worst 답변

◉ 이익의 사회 환원을 강조해서는 안 된다.
  – 사회 전체의 이익이 우선이라는 답변은 이상적인 것이다.
◉ 지원자의 소신이 중요한 것이 아니다.
  – 면접위원의 관점에서 생각하자.

(4) Case 30 : 기업이 사회 발전을 위해 가장 우선적으로 해야 할 일은 무엇인가요?

① KKK 답변구조

1K 결론	기업의 최우선 역할은 '이윤 창출'
2K 근거	① 기업의 사회적 책임은 생존과 성장인데, 이윤을 창출해야 가능 – 미래투자와 기술개발, 고객감동을 실현해야 성장이 가능 – 이를 통해 정직하게 이윤을 극대화 하는 것이 가장 중요한 일 – 이윤의 사회 환원은 부차적인 책임 ② 기업은 이윤 창출을 통해 사회 구성원으로서 책임을 수행 – 살아남아서 더 많은 사업/일자리를 만드는 기업이 좋은 기업 – 그 판단은 시장과 고객이 하는 것
3K 강조	기업 최고의 역할은 이윤을 창출하여 끊임없이 성장하는 것임

② 질문 의도

　○ 기업관이 올바른가?

③ 답변 Point

　○ 이윤 창출이 최고의 사회적 역할

　　[◀ p.151 Best 답변 참고]

6. 노사관

(1) 질문 리스트

노사관	✔ 노조의 필요성에 대한 당신의 의견은 무엇인가요?
	✔ 복수노조는 무엇이고, 이에 대한 당신의 의견은 어떤가요?
	✔ 우리나라 직장인의 노조 가입률이 10% 미만인데도 강성노조가 주도하는 이유는 무엇일까요?
	✔ A사의 노사문화에 대해 아는 대로 얘기해주세요.
	✔ 당신 회사의 업적이 약화되고 있다. 구조조정의 필요성에 대한 의견이 있나요?

(2) Best 답변

　○ 회사의 생존/경쟁력이 더 중요하다는 점을 강조한다.
　○ 노조보다 효율적인 대한을 제시하는 것도 괜찮다.

(3) Worst 답변

　○ 노조의 필요성을 강하게 강조하지 말자.
　○ 노조에 대한 무조건의 반대도 정답은 아니다.

(4) Case 31 : 노조의 필요성에 대한 당신의 의견은 무엇인가요?

① KKK 답변구조

1K 결론	• 노조보다 더 효율적인 대안이 있다고 생각 • 상생의 노사문화가 중요
2K 근거	① 우리나라 노조는 지나치게 과격하고 정치적인 집단이 되었음 　－ 경영활동에 대한 지나친 간섭도 문제 ② 노조 대신 '노사협의회' 같은 대의기구를 활용 　－ 노조보다 더 효율적 운영 ③ A사에도 노사협의회가 있는 것으로 알고 있음 　－ 종업원 의견을 경영진에게 전달하고, 회사와 종업원이 상생하 　　는 노사문화를 만드는 것이 필요함
3K 강조	회사의 이익/경쟁력이 확보되고, 그 속에서 상생하는 것이 중요

② 질문 의도

   ◎ 노사관이 올바른가?

③ 답변 Point

   ◎ 회사의 생존과 경쟁력이 더 중요

     [◀ p.152 Best 답변 참고]

1. 탈락자 30%가 되지 않는 방법

직무수행특성	**직무수행** 방해특성
● 사고	● 개인주의
● 실행	● 독단적
● 관계	● 냉소적/비판적
● 자기관리	● 충동성
● 조직관리	● 스트레스 내성

[직무수행특성과 직무수행 방해특성]

실제 면접에서 인성검사 결과를 검증해보면, 진짜 탈락자는 30% 미만이다. 이는 대기업 면접위원을 오랜 기간 경험하지 않고는 알 수 없는 내용이다.

필자의 면접위원 경험 상, 지원자의 답변을 들으면서 '특별한 문제가 없다'고 설득되는 비율이 70% 이상이다. 즉 인성검사에서 문제가 있다고 체크되었지만, 추가 검증을 해보면 70% 이상이 '문제가 없음'으로 결론난다는 의미이다. 때문에 진실성 있는 답변이 중요하다.

반대로 진짜 문제가 있다고 판단되는 비율은 30% 미만이다. 30% 미만의 지원자만이 '조직생활을 하기에 문제가 있다'라는 인성검사 결과와 추가 검증한 결과가 일치한다는 의미이다. 그러니 당황하지 말고 솔직하게 답변하면 충분히 탈출할 수 있다.

2. 인성검사 탈출법 [◀ p.43 인성검사 검증질문의 탈출법에서 연결]

(1) Best 답변

- ⊙ 진실성 있는 답변이 유일한 방법이다.
  - 자신의 경험을 솔직하게, 구체적으로 설명해야 진실성이 전달된다.
- ⊙ KKK 답변구조를 활용하는 것이 좋다.
  - 단답형 답변을 피하고 근거가 확실한 답변으로 탈출하라는 것이다.

(2) Worst 답변

- ⊙ 지나치게 방어적인 답변은 상황을 악화시킨다.
  - 지원자의 답변이 억지나 변명으로 전달될 수 있으니 조심하자.
- ⊙ 단답형 답변도 도움이 되지 않는다.
  - 진실성이 전달되지 않아 면접위원을 설득할 기회를 잃게 된다.

인성검사 질문은 대부분 면접 후반에 이루어진다. 면접이 끝나갈 무렵에 인성과 관련된 경험을 물으면, '아! 인성검사 체크를 하는구나.' 하고 알아채는 센스가 필요하다. 그러면 신중하게, 진실성 있는 답변으로 탈출하면 된다.

3. 개인주의

(1) 질문 리스트

개인 주의	✔ 대학 시절에 대외활동을 하지 않은 이유가 있나요?
	✔ 당신은 A와 사귀고 싶은데 A는 당신에 대해 전혀 관심이 없다면, 어떻게 할 것인가?
	✔ A가 정말 싫어하는 스타일인데, A가 당신과 사귀자고 다가온다면, 어떻게 할 것인가?

(2) Case 32 : 대학 시절에 대외활동을 하지 않은 이유가 있나요?

① KKK 답변구조

1K 결론	전공과목 공부에 집중하면서 학과 관련 활동에도 적극 참여
2K 근거	① 전공 공부에 집중한 이유 　- 엔지니어로서 성장하기 위한 기본 실력 다지기 ② 전공 관련 활동에 적극 참여 　- 전자공학과 활동, 공과대학 행사에 적극 참여 　- 전자공학 관련 학회 활동에 참여
3K 강조	거창한 대외활동을 미흡하지만, 다양한 엔지니어와 활발한 교류

② 질문 의도

- 개인주의 성향이 있는데, 조직생활에 문제가 없을까?

③ 답변 Point

- 솔직하게 납득할만한 이유 제시한다.
- 소통에 문제 없음을 어필한다.

④ 이후 꼬리질문을 통해 진실성을 검증

- 특별하게 흥미를 가지고 몰입했던 전공과목은 무엇인가?
- 공과대학 관련 활동을 구체적으로 설명해달라.
- 전자공학 관련 학회 활동을 구체적으로 설명해달라.
- 팀플레이를 할 때 동료가 비협조적이라면 어떻게 하겠는가?

4. 독단적

(1) 질문 리스트

독단적	✔ 열심히 일했는데 상사가 제대로 평가해주지 않으면 어떻게 할 건가요?
	✔ 우리 회사 이외에 지원한 회사가 있나요?
	✔ 대학교 경진대회 입상에 대해 구체적으로 설명해주세요.
	✔ 지금까지 살아오면서 숨기고 싶은 실패 경험이 있나요?

(2) Case 33 : 열심히 일했는데 상사가 제대로 평가해주지 않으면 어떻게 할 건가요?

① KKK 답변구조

1K 결론	• 먼저 저의 부족한 점을 개선 • 반복되면 대화를 통해 제 의견을 전달

2K 근거	① 열심히 일한 것과 좋은 성과는 다른 것이라 생각
	   – 모든 성과에는 과정이 있는데 과정에 부족함이 있었는지?
	   – 성과의 크기가 제 주관적인 생각이었는지?
	   – 원인을 살펴본 다음, 고치도록 노력하겠음
	② 그러나 동일한 현상이 반복된다면,
	   – 대화를 통해 상사의 생각을 들어보고, 제 의견도 전달하겠음

3K 강조	생각의 차이를 인정, 성장 기회로 활용

② 질문 의도

　○ 독단적 성향이 있는데, 조직생활에 문제가 없을까?

③ 답변 Point

　○ 부족한 점을 개선하되, 반복되면 개인 의견을 제시한다는 것이 결론이다.

　○ 내가 먼저 반성하고 개선하는 이유를 솔직하게 전달하면 된다.

　○ 동일한 현상이 반복될 때, 어떻게 개인 의견을 제시할 것인지 설명한다.

5. 냉소적/비판적

(1) 질문 리스트

냉소적/ 비판적	✔ 선진국의 경우에는 기업가들이 국민들로부터 존경을 받지만, 우리나라는 그렇지 못하다. 그 이유는 무엇이라고 생각하나요?
	✔ 우리 사회의 가장 큰 문제점과 당신의 해결책은 무엇인가요?
	✔ 대기업에 대한 정부 규제의 필요성, 당신의 의견은 어떤가요?
	✔ 노조의 필요성은 여러 가지가 있을 텐데, 그 중 긍정적인 기능 과 부정적인 기능에 대해 설명해주세요.

(2) Case 34 : 선진국의 경우에는 기업가들이 국민들로부터 존경을 받지만, 우리나라는 그렇지 못합니다. 그 이유는 무엇이라고 생각하나요?

① KKK 답변구조

1K 결론	기업가의 리스크 테이킹은 존경받아야 하나, 우리나라는 특수성이 있음
2K 근거	① 단기간에 이룬 경제 성장의 부작용 　－ 선진국에 비해 짧은 자본주의 역사, 정부 주도의 경제개발계획 ② 부자에 대한 부정적인 선입견 　－ '사촌이 땅을 사면 배가 아프다'는 속담 ③ 낙후된 정치 및 사회 시스템 　－ 경제는 정치/사회 시스템과 같이 발전하는 수레바퀴 　－ 우리 기업은 1류에 도달했지만 정치는 3류, 사회는 2류 수준
3K 강조	기업가는 일자리 창출, 세금으로 국가 경제에 기여 － 긍정적 인식 필요

② 질문 의도

　● 냉소적/비판적 성향이 있는데, 조직생활에 문제가 없을까?

③ 답변 Point

　● 한국의 특수성을 언급한다.

　● 기업가 정신은 긍정적이라는 사실을 강조한다.

06 특이질문 : 양자택일 질문, 아무나 먼저 질문

1. 양자택일 질문

(1) 질문 리스트

양자 택일 질문	✔ 일을 진행할 때 원칙 준수와 일의 효율성 가운데 무엇을 중시하나요?
	✔ 업무 수행 시, 과정과 결과 중에서 무엇이 더 중요하다고 생각하나요?

(2) Best 답변

◉ '둘 다 필요하다'고 질문에 맞장구를 친다.

   – 실제로 둘 다 필요한 게 사실이기 때문에 맞장구를 치는 것이 좋다.

◉ 한 가지를 선택하고 근거를 제시하여 설명한다.

   – 정답이 없는 질문이다.

   – 선택한 이유가 중요하니 1K → 2K 구조로 답변하는 것이 좋다.

   – 자신의 의견을 명확히 제시하여 소신 있는 사람이라는 것을 어필하자.

(3) Worst 답변

◉ 답변을 주저하거나 시간을 끌어서는 안 된다.

   – 자신감이 부족한 소심한 지원자로 인식될 수 있다.

◉ 극단적인 답변도 도움이 되지 않는다.

   – 처음부터 한 가지만 필요하다고 강하게 주장해서는 안 된다.

(4) Case 35 : 일을 진행할 때 원칙 준수와 일의 효율성 가운데 무엇을 중시하나요?

① KKK 답변구조

1K 결론	2가지 모두 중요, 원칙 준수를 더 중시

2K 근거	① 회사가 정한 원칙을 준수하는 것이 회사원의 기본
	② 카페 아르바이트를 하면서 음료를 제조한 경험
	   – 평소 원칙대로 정확한 계량 후 음료를 제조
	   – 그러나 주문이 밀릴 때는 눈대중으로 제조
	   – 속도는 빨라졌지만 음료 맛이 달라졌다는 고객의 컴플레인
	③ 사과하고 음료를 다시 제조해 제공
	   – 바빠도 계량을 하는 원칙을 준수, 우수지점으로 선정

3K 강조	원칙을 준수하면서 효율성을 향상시키는 노력도 필요

② 질문 의도

   ◉ 판단력, 유연성은?

③ 답변 Point

   ◉ 2가지 모두 중요하나, 1가지를 선택한다고 것이 결론이다.

   ◉ 선택한 이유를 2~3가지 설명하여 판단력, 유연성이 있음을 어필한다.

2. 아무나 먼저 질문

(1) 질문 리스트

아무나 먼저 질문	✔ 학생과 직장인의 차이점은 무엇인가요? 아무나 먼저 답변해도 됩니다.
	✔ 우리 회사의 핵심가치 가운데, 가장 중요한 것은 무엇인가요? 생각나는 사람부터 답변해주세요.

PART

2

인성면접

(2) Best 답변

- ⊙ 첫 번째로 답변하여 적극성을 어필하는 것이 최선이다.
  - 답변 내용이 부족하더라도 적극성을 인정받는 것이 중요하다.
- ⊙ 차선책으로 두 번째라도 답변하는 것이 중요하다.
  - "저도 답변해도 되겠습니까?"라고 동의를 구하고 답변하면 된다.
  - 첫 번째 답변 내용과 다르게 차별화시켜 답변하는 것이 좋다.

(3) Worst 답변

- ⊙ 엉뚱한 답변은 하지 말자.
  - 침착함이 부족하고 대응력이 미흡한 지원자로 인식될 수 있다.
- ⊙ 눈치를 보다가 포기하면 최악이다.
  - 소심하고 열정이 부족하다는 인상을 주게 된다.

(4) Case 36 : 학생과 직장인의 차이점은 무엇인가요? 누가 먼저 답변할까요?

① KKK 답변구조

1K 결론	아마추어와 프로의 차이라고 생각함
2K 근거	① 학생은 아마추어라도 되지만, 직장인은 프로가 되어야 함 ② 학생 : 평생 직업을 찾기 위해 노력하는 아마추어 　– 학교에서 이론 중심으로 공부, 수업료를 내고 공부 ③ 직장인은 프로가 되어서 최고의 전문가 지향 　– 현장에서 성과를 만들면서 평생직업을 완성 　– 성과의 대가로 월급을 받으면서 공부 → 진정한 프로
3K 강조	입사하면 제 몫을 하는 프로 직장인으로 성장하겠음

② 질문 의도

- 침착함, 판단력은?

③ 답변 Point

- 자신의 의견을 요약하여 제시한다.
- 차별화된 근거를 설명하여 침착하고 판단력이 있음을 어필한다.
- 성장 가능성으로 마무리한다.

03

이자면 관통하기로 합격하는
직무면접

직무면접을 통해서 면접위원은 지원자의 어떤 실력을 검증하려는 것일까? 그
답은 '과제해결하는 설득맨'이다. 회사에 입사하게 되면 본인에게 주어진 과제
를 적절하게 해결하는 능력, 그리고 이를 고객에게 합리적으로 설득하는 능력이
필요하다. 회사에서 이루어지는 업무의 핵심이 무엇인지 이해하면 그 이유를 알
수 있다.

면접위원이 제시하는
직무면접 합격전략

직무면접은 지원자의 직무역량을 파악하기 위한 면접으로, 1차면접 또는 실무면접이라고 부르기도 한다. 직무면접의 핵심은 스펙이 아니라 실력을 검증한다는 점이다. 필자의 경험상 인성면접에 비해 스펙, 특히 학교에 대한 선입견이 크게 작용하지 않는다. 출신학교에 대한 부담감이 있는 지원자라면 직무면접에서 승부를 걸어야 한다.

1. 면접위원이 검증하는 것은?

그렇다면 직무면접을 통해서 면접위원은 지원자의 어떤 실력을 검증하려는 것일까?

그 답은 '과제해결하는 설득맨'이다. 회사에 입사하게 되면 본인에게 주어진 과제를 적절하게 해결하는 능력, 그리고 이를 고객에게 합리적으로 설득하는 능력이 필요하다. 회사에서 이루어지는 업무의 핵심이 무엇인지 이해하면 그 이유를 알 수 있다.

회사는 다양한 부서로 구성되어 있다. 그만큼 복잡한 업무구조를 가지고 있다. 필자는 이 복잡한 회사 업무를 2가지 단어로 정의할 수 있다.

- 첫째가 '과제를 해결'하는 일이며,
- 둘째는 '고객을 설득'하는 일이다.

대기업 역시 최고의 제품과 서비스를 고객에게 제공하는 것이 최종 목적이다. 이를 실현하려면 다양한 과제/문제를 해결하고 내부고객은 물론 외부고객을 설득해야 한다.

먼저, 회사 내부에서 다양한 과제를 해결해야 하는데, 그 활동은 주로 보고서와 회의를 통해 공유한다. 개인이나 부서가 진행한 일은 보고서를 통해 설명이 되고, 각 부서 간의 소통과 협업은 회의와 미팅을 통해 이루어진다. 보고서를 작성하고 회의를 진행하는 과정은 결국 내부고객을 설득하기 위한 것이다. 여기서 내부고객은 상사가 될 수도 있고, 협업부서나 협력업체가 될 수도 있다. 이처럼 내부고객을 설득하는 과정을 거쳐야 제품이나 서비스를 완성할 수 있다.

그 다음, 외부고객을 설득하는 활동이 이루어진다. 제품/서비스를 외부고객에게 제공하는 역할은 주로 고객접점부서가 한다. 흔히 영업마케팅부서를 고객접점부서라고 하지만 최근에는 연구개발부서의 역할도 중요시되고 있다. 첨단 제품이나 서비스일수록 영업마케팅 과정에서 기술적인 지원이 필요하기 때문이다. 결론적으로 대기업 인사팀의 관점에서는 '과제해결하는 설득맨'이 필요한 것이다.

2. 과제해결능력이 설득력보다 중요하다

과제해결능력과 설득력, 두 가지를 놓고 비교한다면 과제해결능력이 설득력보다 더 중요하다. 총 100점으로 평가할 경우 과제해결능력에 80점, 설득력에 20점을 줄 수 있다. 아래 그림처럼 과제해결능력을 세로축으로, 설득력을 가로축으로 두고 1~4영역으로 나누어 생각해보자.

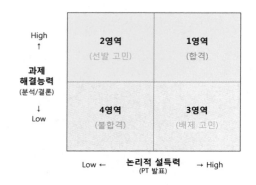

[과제해결능력(80) + 설득력(20)]

- 1영역 : 과제해결능력과 설득력이 모두 높은 지원자 → 합격군에 포함된다.
- 2영역 : 과제해결능력은 높지만 설득력이 부족한 지원자
- 3영역 : 과제해결능력은 부족하지만 설득력이 높은 지원자
- 4영역 : 과제해결능력과 설득력 모두 부족한 지원자 → 탈락군으로 분류된다.

대기업 인사팀에서 고민하는 영역은 2영역과 3영역의 지원자이다. 보통 2영역은 선발하는 쪽으로 고민하지만, 3영역은 배제하는 쪽으로 고민한다. 그 이유는 무엇일까?

- 회사이기 때문에 과제/문제를 해결하는 능력이 우선이다.
- 설득력은 과제/문제를 해결한 다음에 필요하다.

그런 맥락에서 직무면접은 결코 '말 잘하기 경쟁'이 아니라는 사실을 명심해야 한다. 면접위원에게 직무역량을 제대로 어필해야 합격군에 포함될 수 있다. 명쾌한 과제 해결을 통해 '실력'을 보여주는 과정이 바로 설득하는 과정인 것이다.

지원자의 이력서와 자소서가 핵심이 되는 인성면접과 다르게 직무면접은 기업에서 출제하는 과제를 어떻게 풀어가는지가 중요하다. 직무면접을 본격적으로 준비하기에 앞서 과제가 최근에 어떤 식으로 출제되는지 파악해보자.

1. 과제 유형의 다양화

대기업의 직무면접에서 제시되는 문제유형은 크게 3가지로 구분할 수 있다. 기존에는 전문성 확인문제가 대부분이었지만 최근에는 과제 해결문제 또는 창의성 측정문제로 다양화되고 있다.

- **전문성 확인문제** : 지원자가 기업에서 요구하는 전문적인 지식을 갖추고 있는지 확인한다.
    - 이공계 지원자 사례 : 기계 역학의 기본원리에 대해 구체적인 사례를 들어 설명하라. 다음 중 하나를 선택하여 설명 : 1) 열역학, 2) 유체역학, 3) 고체역학
- **과제 해결문제** : 지원자가 기업에서 발생하는 비즈니스 문제 상황을 해결할 수 있는 능력을 갖추고 있는지 파악한다.
    - 인문계 지원자 사례 : 당신이 이용했던 경쟁사의 유통점과 비교하여 우리 회사의 유통점(이마트)의 특징을 설명하고, 특화된 마케팅 전략을 제시하라.
- **창의성 측정문제** : 지원자가 돌발 상황에서 얼마나 창의적으로 문제를 풀어나갈 수 있는지 확인한다.
    - 이공계/인문계 지원자 사례 : 서울 시내에 H사가 생산한 자동차는 몇 대가 다니고 있을까?

위의 3가지 문제유형은 과제 내용에 따라 다시 7가지로 세밀하게 구분할 수 있다. 어떤 유형의 문제들이 나오는지 파악하고 있으면, 문제를 해결하는 데 큰 도움이 된다.

과제 유형		과제 내용	주 적용대상
전문성 확인	기술 설명형	• 전공별 기본 이론 • 회사의 핵심기술, 생산공정	• 이공계 • 연구개발 • 생산기술
	이슈 해결형	• 회사 관련 이슈/트렌드 이해 • 직무 지식의 수준/활용	
과제 해결	마케팅형	• 영업 사례, 마케팅 이론	• 인문계 • 영업마케팅 • 경영지원
	기획형	• 비즈니스 기획, 경영학 이론	
	현안 해결형	• 현안에 대한 아이디어 도출	
창의성 측정	추정형	• 짧은 시간에 순발력 발휘	• 공통
	역발상형	• 상식을 파괴하는 창의성 발휘	

[7가지 과제 유형]

전문성 확인문제는 2가지 유형으로 주로 이공계, 연구개발이나 생산기술 지원자에게 출제한다. [▶ p.226 이공계 기출문제로 연결]

① **기술 설명형** : 전공에서 기본이 되는 이론을 문제로 제시한다. 또는 회사의 핵심기술이나 생산공정에 대한 문제를 출제하여 기술역량을 평가한다.
② **이슈 설명형** : 지원한 회사/직무의 이슈나 최신 트렌드를 과제로 준다. 이를 통해 직무지식의 수준이나 활용능력을 평가한다.

과제 해결문제는 3가지 유형으로 주로 인문계, 영업마케팅이나 경영지원 지원자에게 출제한다. [▶ p.229 인문계 기출문제로 연결]

③ **마케팅형** : 영업 또는 마케팅 직무수행 중 발생할 수 있는 상황을 제시하여 마케팅 역량을 평가한다.
④ **기획형** : 지원직무와 관련된 비즈니스 이슈를 제시하고 이를 해결하는 과정을 평가한다.
⑤ **현안 해결형** : 회사/직무의 현재 문제점을 제시한 다음, 이에 대한 아이디어를 도출하는 과정을 평가한다.

창의성 측정문제는 2가지 유형으로 이공계, 인문계 구분하지 않고 공통적으로 출제한다.

⑥ **추정형** : 짧은 시간에 순발력을 발휘하여 어떻게 해결하는지를 평가한다.
⑦ **역발상형** : 상식을 파괴하고 어떠한 창의성을 발휘하는지 평가한다.

2. 과제의 난이도 향상

직무면접의 과제가 예전보다 어려워지고 있다. 대기업의 경쟁률이 높아진데다 지원자들의 직무에 대한 학습수준도 높아지고 있기 때문이다.

- 과제 주제 : 기존에는 2~3개 문제 가운데 하나를 선택해서 해결하면 되었다. 최근에는 한 문제를 선택하면 그 안에 3~4개의 꼬리문제가 들어있다.
- 과제 설명 : 기존에는 간단한 사례를 제시했다면, 최근에는 상세한 참고자료를 읽어야 문제를 해결할 수 있다.
- 과제 범위 : 기존에는 기초 이론이나 시사 이슈를 다루었지만, 최근에는 회사의 실제 사례를 Case로 제시하는 경우가 많다.

점점 어려워지고 있는 직무면접을 어떻게 준비하면 될까? 또 과제해결능력과 설득력을 어떻게 효과적으로 어필할 수 있을까? 필자 나름대로 직무면접 공략비법을 정리해보았다.

총 4가지 방법으로 2개의 Chapter에 걸쳐 자세히 설명하도록 하겠다. 가장 중요한 단계인 과제 풀기와 PT 발표 단계에 초점을 맞춘 것으로, 먼저 방법을 익히고 반복적으로 연습해 실제 면접에서 활용할 수 있도록 해보자.

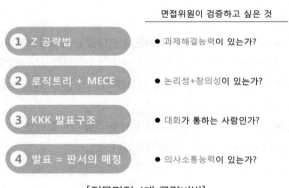

[직무면접 4대 공략비법]

① **Z 공략법** [▶ p.177 Z 공략법으로 연결]
- 과제해결능력을 어필할 수 있는 공략법이다. 필자가 경험을 통해 고안한 기법이다.

② **로직트리 + MECE** [▶ p.180 로직트리 + MECE로 연결]
- Z 공략법의 Tool(활용도구)로서 논리력과 창의력을 어필하는 방법이다.

③ KKK 발표구조 [▶ p.196 KKK 발표구조로 연결]

   − 자신의 주장을 소신 있게, 그리고 이해하기 쉽게 발표하는 방법이다.

④ 발표=판서의 매칭 [▶ p.202 발표=판서의 매칭으로 연결]

   − 면접위원을 설득할 수 있는 발표 및 판서 방법을 제시한다.

  4가지 방법이 갑자기 나와서 이해가 어려울 수 있다. 다음과 같이 직무면접의 흐름에 맞춰 4대 공략비법을 활용하면 된다.

  ◎ 과제 풀기 단계 : Z 공략법, 로직트리 + MECE 활용
  ◎ PT 발표 단계 : KKK 발표구조, 발표=판서의 매칭 활용

[4대 공략비법과 직무면접 흐름도]

1. 4대 공략비법 1 : Z 공략법

  직무면접의 성공을 좌우하는 것이 '과제풀기 단계'이다. 제시된 과제를 잘 풀어야 PT 발표도 자신감 있게 할 수 있다. 십수년의 면접위원 경험을 집약하여 과제를 풀 때, 활용할 수 있는 'Z 공략법'을 소개한다.

  Z 공략법은 '로직트리 + MECE 기법'을 기반으로 하여 3단계로 구성되

어 있다. 이를 적용하면 논리적이고 창의적으로 문제를 해결하는 능력을 어필할 수 있다.

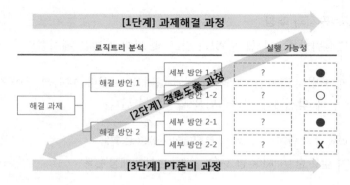

[비법① : Z 공략법 3단계]

○ [1단계] 과제해결 과정
  - 로직트리를 좌에서 우로 작성해 가면서 문제를 해결한다.
  - 여기서 로직트리에 대한 이해가 필요한데 뒤에서 자세히 설명한다.

○ [2단계] 결론도출 과정
  - 도출한 아이디어가 과제 해결에 적합한지 검토하는 과정이다.
  - 로직트리로 작성한 내용을 우에서 좌로 뒤집어 가면서 검토한다.

○ [3단계] PT준비 과정
  - 다시 로직트리를 좌에서 우로 보면서 PT 발표를 준비한다.

(1) Z 공략법의 포인트 및 시간배분

과제풀기 시간은 회사에 따라, 과제 내용에 따라 다르지만 보통 20~50분 정도를 준다. 평균적으로 30분의 시간이 주어진다고 보면 된다. Z 공략법의 각 단계별 핵심 포인트와 시간을 어떻게 배분해야 하는지 알아보자.

○ [1단계] 과제해결 과정 : 정답과 함께 사고틀을 보여주는 것이 중요하다.
  - '나는 짧은 시간에도 문제를 해결할 수 있는 사람이다'라는 것을 어필해야 한다.

- 정답에 근접한 해결방법을 제시한다면 더 좋은 평가를 받을 것이다
- 가장 중요한 단계이므로 주어진 시간의 70%를 투입하자. (30분이라면 20분)

◉ [2단계] 결론도출 과정 : 아이디어가 문제해결에 적합한지를 검토한다.
- 간단하게 할 수 있기 때문에 10%의 시간을 투입하자. (30분이라면 3분)

◉ [3단계] PT준비 과정 : 논리적인 설득력을 어필해야 한다.
- 다른 지원자들과 차별화가 필요하니 리허설까지 하는 것이 좋다.
- 결론도출 과정보다 많은 20%의 시간을 투입하자. (30분이라면 6분)

이제부터 1~3단계를 구체적으로 알아보자. 특히 1단계 과정에서 로직트리와 MECE 기법도 이해하자.

2. 1단계 : 과제해결 과정

주어진 문제를 이해하고 해결하며 실행 가능성까지 판단하는 단계이다.

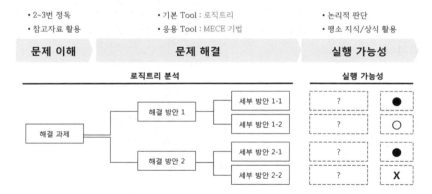

[1단계 : 과제해결 단계]

◉ 먼저, 문제를 정확히 이해한다.
- 제시된 문제를 2~3번 정독하여 정확히 이해하도록 하자.
- 어떤 결론을 원하는지, 어떤 지식/기술을 원하는지 정의한다.
- 참고자료가 있다면 이를 최대한 활용하여 해석한다.

○ 다음, 2가지 Tool을 활용하여 아이디어를 도출하고 과제를 해결한다.
　　– 기본으로 활용하는 Tool : 로직트리
　　– 응용하여 활용하는 Tool : MECE
○ 그리고, 도출한 아이디어가 실행 가능성이 있는지 판단한다.
　　– 평소의 지식이나 상식 수준에서 논리적인지를 검토하면 된다.

다음은 Z 공략법에서 기본적으로 활용하는 로직트리와 MECE에 대해 알아보자.

3. 4대 공략비법 2 : 로직트리 + MECE

(1) 로직트리 이해

로직트리는 문제의 원인과 해결책을 MECE 기법에 기초하여 나뭇가지 모양으로 분해/정리하는 기술을 말한다. 1차적으로 문제에 대한 해결방안을 도출한 다음, 2차적으로 해결방안에 대한 세부방안을 도출한다. 쉽게 말해 큰 틀의 해결방안으로 가지치기한 다음, 작은 세부방안으로 가지치기를 반복하는 방법이다.

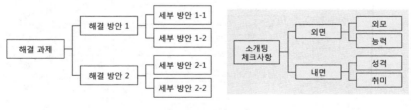

[로직트리 Case]

일례로 소개팅을 할 때, 상대방에 대해 체크하는 사항을 정리해보자. 크게 외면과 내면으로 구분할 수 있다. 그 다음 외면은 외모와 능력으로 구분하고, 내면은 성격과 취미로 구분하는 것이다. 이렇게 하면 보다 체계적으로 상대방을 체크할 수 있다.

로직트리는 3가지 장점이 있는데, 이는 직무면접의 평가 키워드와 연결된다.

- ○ **짧은 시간에 아이디어를 도출할 수 있다.**
  - 가지치기 하면서 내용을 정리하면 짧은 시간에 적합한 아이디어를 도출할 수 있다.
- ○ **구체적이고 실행 가능한 아이디어를 도출해낼 수 있다.**
  - 작은 세부방안까지 도출하기 때문에 아이디어의 실행 가능성이 높다.
- ○ **논리적인 분석력을 어필하여 설득력을 높일 수 있다.**
  - 면접위원이 해결방안과 세부방안의 인과관계를 한 눈에 파악할 수 있다.

(2) MECE(미시) 이해

MECE 기법은 어떤 사항이나 개념을 중복되지 않고, 누락되지 않게 하여 부분으로 전체를 파악하는 기법을 말한다. 문제를 해결할 때, 중복되지 않아야 한다는 개념(ME)과 누락이 없어야 한다는 개념(CE)을 합쳐 MECE (미시)라고 부른다.

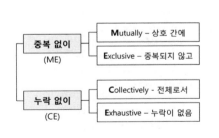
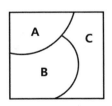

[MECE Case]

위 그림에서 오른쪽 상자박스를 보자. 큰 상자박스를 한 눈에 전체적으로 파악하기는 어렵다. 하지만 A, B, C의 세 부분으로 나누어서 부분별로 파악하면, 중복되지 않고 누락이 없이 전체를 쉽게 이해할 수 있다.

제시된 문제에 대한 해결방안을 고민할 때, 전체를 대상으로 생각하면 아이디어 도출이 어려워진다. 하지만 다음과 같이 2~3개 부분으로 나누어서 생각하면, 더 많은 아이디어를 손쉽게 도출할 수 있다.

- 질 / 양
- 효과성 / 효율성
- 단기 / 중기 / 장기
- 과거 / 현재 / 미래

(3) MECE 전개방법

MECE 전개방법을 내용에 따라 3가지로 구분하여 제시한다. 이것은 필자가 정리한 내용으로 이 책에서만 볼 수 있는 내용이다.

Tool 하나하나를 설명하며 원고를 채우기보다는 어떤 Tool들이 있는지 이름만 소개하고 큰 흐름을 잡아주는 게 중요하다고 생각한다. 실제 회사에서 많이 사용하는 Tool이고, 인터넷이나 유튜브에서도 쉽게 찾아볼 수 있다. 필요한 Tool이 있다면 찾아보고 활용하면 좋겠다.

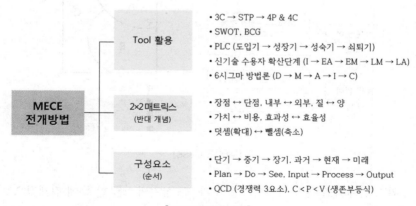

[MECE 전개방법]

첫째, 전문가들이 이미 만들어놓은 Tool을 활용하자. 관련 직무라면 기본적으로 알아야 할 Tool로 효과성이 입증된 것이다.

- 영업직무 활용 Tool : 3C → STP → 4P & 4C, SWOT, BCG
- 기술직무 활용 Tool : PLC, 신기술 수용자 확산단계, 6시그마 방법론

둘째, 기존 Tool을 활용하기 어렵다면 2×2 매트릭스를 활용하자. 2가지의 반대 개념을 기준으로 잡으면 된다. 활용하기 쉬우면서도 논리성을 어필할 수 있다.

- 장점 ↔ 단점, 내부 ↔ 외부, 질 ↔ 양
- 덧셈(확대) ↔ 뺄셈(축소) : 가장 쉽게, 어떤 과제라도 적용할 수 있다.

셋째, 업무의 구성요소를 활용하는 방법이다. 업무의 구성 순서대로 진행시키는 것이다. 실제 회사의 업무 현장에서 미팅을 하거나 보고서를 작성할 때 많이 활용하는 방법이다. 그만큼 면접위원들에게 익숙할 것이다.

- 단기 → 중기 → 장기, Plan → Do → See, Input → Process → Output

(4) 로직트리 + MECE → 과제해결의 Key

이제 로직트리와 MECE 기법을 결합시켜 활용하면 된다. Z 공략법의 핵심으로 과제해결의 열쇠이다. 문제의 유형에 맞춰 가장 적합한 Tool을 적용하는 것이 중요한 만큼 충분한 연습이 필요하다.

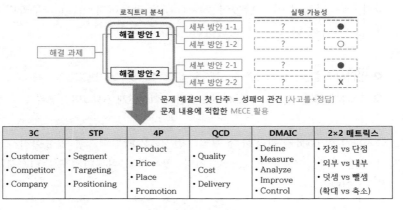

[비법② : 로직트리 + MECE]

① 먼저, 큰 틀의 해결방안을 도출할 때 반드시 MECE 기법을 활용하자.

   ◉ 해결방안 1, 2를 도출하는 것이 과제 해결의 첫 단추이자 성패의 관건이다.

   ◉ 적합한 해결방안을 도출해내야 세부방안도 제대로 도출할 수 있기 때문이다.

② 이제, 문제 내용에 적합한 Tool을 선택하여 적용하자.

   ◉ 적합한 Tool이 생각나지 않으며 '2×2 매트릭스'를 활용하면 된다.

   ◉ 세로축을 당사↔경쟁사로, 가로축을 강점↔약점으로 나누면 4개 영역이 나온다.

   – 4개 영역별로 아이디어를 생각해내서 정리하면 논리적인 분석이 된다.

③ 다음, 큰 틀의 해결방안을 토대로 작은 세부방안을 구체적으로 도출하자.

4. 2단계 : 결론도출 과정

문제를 해결했다면, 2단계 결론도출 과정으로 넘어간다. 1단계에서 찾아 낸 해결방안과 세부방안들이 정말 옳은 것인가를 검증하는 단계이다. 로직 트리로 분석해놓은 내용을 역순으로(우에서 좌로) 거슬러 가면 된다.

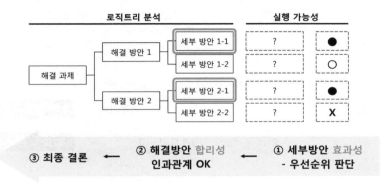

[2단계 : 결론도출 과정]

① 먼저, 세부방안의 효과성을 검증한다.
- 전체 세부방안을 놓고 효과성을 기준으로 우선순위를 판단한다.
- 실행 가능성이 높으면 ●표시, 중간이면 ○표시, 낮으면 ✕표시를 한다.
- ●표시가 많거나 우선순위가 높은 세부방안을 선택한다.

② 다음, 해결방안의 합리성을 검증한다.
- ●표시 세부방안과 연결된 해결방안이 무엇인지 확인한다.
- 그 해결방안을 적용하면 과제가 제대로 해결되는지 인과관계를 판단한다.

③ 이제, 최종 결론을 내린다.
- 위와 같은 검증과정에 문제가 없다면 정확한 해결방안이라고 결론을 낸다.
- 1단계에서 로직트리가 논리적으로 전개되었다면 간단하게 검증할 수 있다.

5. 3단계 : PT준비 과정

3단계는 PT준비 과정이다. 다시 로직트리의 순서대로(좌에서 우로) 진행하면 된다. 여기서는 다음 3가지 포인트를 꼭 생각하자.

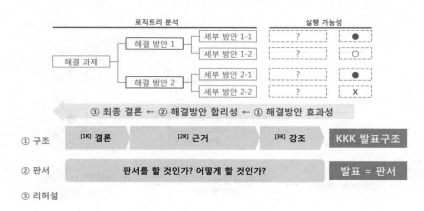

[3단계 : PT준비 과정]

① 먼저, KKK 발표구조를 짜서 메모를 한다.

- ◑ '결론 – 근거 – 강조'의 구조로 간략하되 짜임새 있게 구성한다.
- ◑ 더 복잡하게 발표구조를 짜면 오히려 실패할 가능성이 크다.
- ◑ 발표시간 5분은 생각보다 짧다. '5분 안에 끝내야 한다'는 점을 명심해야 한다.

② 다음, 발표 중 판서를 어떻게 할지 결정한다.

- ◑ 면접 진행자가 판서 가능 여부를 알려주지 않으면 이를 확인해야 한다.
  - – 대부분의 대기업은 판서를 하지만, 일부 대기업은 판서 없이 발표한다.
  - – 판서 없이 진행된다면 서서 하는 것인지, 앉아서 하는 것인지 확인한다.
- ◑ 판서가 가능하다면 판서를 할 것인지, 어떻게 할 것인지 결정해야 한다.
- ◑ 판서에 대해서는 다음 Chapter에서 자세히 알아보자.

③ 그리고, 발표구조와 판서 내용을 바탕으로 리허설을 해본다.

- ◑ 리허설을 하면서 5분 안에, 메모한 내용을 발표할 수 있는지 체크해봐야 한다.
- ◑ 면접실 앞에서 대기할 때도 머리 속으로 리허설을 반복하면 좋다.

PT 발표의 목적은 면접위원을 설득하는 것이므로, 면접위원의 구성을 알면 도움이 된다. 보통 3~4명으로 구성되는데, 관련 직무를 수행하는 부서의 부장/수석이 참석한다. 이들은 인성면접의 면접위원인 임원과는 다르다. 임원보다 상대적으로 까칠하고 아주 구체적으로 질문한다.

직무면접 단계별 합격전략

직무면접은 인성면접과는 다른 프로세스로 진행된다. 크게 과제 풀기와 PT 발표, 두 단계로 구분할 수 있다. 전체 흐름도를 보면서 직무면접이 어떻게 진행되는지 살펴보고 지원자의 입장에서 단계별로 어떻게 준비해야 하는지 포인트를 알아보자.

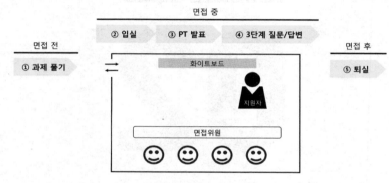

[직무면접 프로세스]

① **과제 풀기** : 가장 중요한 단계. 7가지 문제유형에 적합한 사고틀을 어필하자.

② **입실** : 입실 후 올바른 자세를 통해 좋은 인상을 남기자.

③ **PT 발표** : 발표하는 방법과 판서하는 방법을 제대로 익혀 좋은 평가를 받자.

④ **3단계 질문/답변** : 3단계 질문구조의 흐름을 알고 대비하자.

⑤ **퇴실** : 마무리 발언과 감사 인사로 좋은 끝인상을 남기자.

이제부터 면접위원 관점으로 직무면접 프로세스를 따라가 보자.

인사팀은 보통 전공별로 과제를 준비한다. 박사급 면접위원들이 사전에 출제한 과제를 문제은행에 저장해 놓는다. 면접이 다가오면 제시할 과제를 선정하여 준비한다.

1. 과제 제시 및 선택 기준

지원자는 자신의 순서가 되면 진행요원이 안내하는 별도의 방으로 가서 과제를 풀게 된다. 복수의 과제가 제시되면 다음 세 가지 기준으로 선택하면 된다.

- 가장 자신 있는 문제
- 직무/전공과 관련된 문제
- 난이도가 높은 문제

선택한 과제 안에 3~4개의 꼬리문제가 들어있다면, 몇 개의 꼬리문제를 완벽하게 풀었느냐가 중요하다. 이때 해결할 꼬리문제와 포기할 꼬리문제를 확실하게 정하는 것도 필요하다.

2. 풀기 시간 및 발표 준비

과제를 푸는 시간은 내용에 따라 20~50분이 주어진다. 평균적으로 30분을 주는 회사가 많다. 꼬리문제까지 확인한 다음, 시간을 적절히 분배해 문제를 풀어가도록 하자. PART 3의 Chapter 1에서 설명한 비법①(Z 공략법)과 비법②(로직트리 + MECE)를 활용하자.

PART

3

직무면접

문제 푸는 방에는 볼펜 또는 사인펜, A4 용지 등이 준비되어 있다. 이를 적절하게 활용하자. 만약 문제를 풀 때 여러 장의 A4 용지를 사용했다면, A4 한 장에 발표할 내용을 메모하자. 면접실에는 1장의 A4 용지만 가지고 입실하는 것이 좋기 때문이다.

문제를 푼 다음, 발표자료 준비는 회사에 따라 다르다. 진행요원이 설명한대로 준비하면 된다. 보통 두 가지 경우가 있다.

- 발표 자료를 복사하지 않고, 원본 자료 한 장만 가지고 면접실에 입실하는 경우
- 여러 장을 복사한 다음, 면접실에 입실해 면접위원들에게 복사본을 나누어주는 경우

⑬ 대기 및 입실

과제를 푼 다음, 자신의 차례가 되면 면접실 앞으로 이동해 대기한다. 입실 전까지 대기하는 시간(약 5~10분)이 있다. 이 시간에는 자신의 PT 발표 내용을 머릿속에서 리허설해보는 것이 좋다.

1. 입실하여 화이트보드 우측에 서기

면접실 문을 여는 순간부터 면접이 시작된다고 생각하자. 진행자가 들어가라고 하면 노크한 다음, 문을 열고 입실한다.

[입실 → 화이트보드 우측에 서기]

문을 살짝 닫고 면접위원들에게 목례를 한 다음, 밝은 인상으로 걸어가서 화이트보드(WB)의 우측이나 지원자용 책상 옆에 선다. 여기서 2가지 경우로 나누어 설명해보자.

- ○ 화이트보드가 있는 경우
  - 화이트보드 우측(면접위원들이 보기에 우측)에 선다.
  - 씩씩한 목소리로 자기소개를 한 후, 어깨를 펴고 양발은 10cm 벌려 자연스러운 자세를 유지한다.
- ○ 화이트보드가 없는 경우
  - 지원자용 책상과 의자가 세팅되어 있으니 책상 옆으로 가서 선다.
  - 씩씩한 목소리로 자기소개를 한 후, 면접위원이 '앉으세요'하면 의자에 앉는다.

이때 밝은 인상을 보여주는 것이 좋다. 심호흡으로 긴장을 풀고 본격적으로 발표를 시작하도록 하자.

2. 화이트보드 우측에 서는 이유

직무면접에서 화이트보드가 있는 경우와 없는 경우는 발표방법에 차이가 많다. 최근에는 화이트보드를 준비하는 회사가 많아지고 있다. 따라서 화이트보드를 잘 활용하는 것이 중요하다.

앞에서 말했듯이, 오른손잡이 기준으로, 화이트보드 우측에 서는 것이 좋다. 이유는 여러 가지 장점이 있기 때문이다.

- ○ 발표를 하면서 글씨를 쓰거나 그림을 그리기 편하다.
  - 왼손에 메모지를 들고, 오른손으로 매직펜을 잡아서 판서를 하면 된다.
- ○ 발표 중간에 오른손으로 적절한 제스처를 하는 데 용이하다.
- ○ 면접위원들에게 등보다는 얼굴을 최대한 보여주는 것이 좋다.
  - 전문가들에 따르면 사람의 감정은 우측 얼굴보다 좌측 얼굴이 풍부하기 때문에 그런 측면에서도 우측에 서는 것이 좋다.

PT 발표 = 면접위원 설득

1. 면접위원 구성의 비밀

PT 발표의 목적은 면접위원을 설득하는 것이므로, 면접위원의 구성을 알면 도움이 된다. 보통 3~4명으로 구성되는데, 관련 직무를 수행하는 부서의 부장/수석이 참석한다. 이들은 인성면접의 면접위원인 임원과는 다르다. 임원보다 상대적으로 까칠하고 아주 구체적으로 질문한다.

○ **까칠하게 진행하고 평가한다.**
  – 지원자들의 장기적인 성장 가능성보다 단기적인 활용 가능성에 점수를 준다.
  – 인성보다는 전문역량을 중심으로 평가하기 때문이다.
○ **구체적이고 집요하게 질문한다.**
  – 부장/수석은 실제 신입사원과 실무를 같이 진행하는 사람들이다.
  – 전문성 면에서 즉시 전력감인 지원자를 좋게 평가한다.

보통 직무면접은 두 단계를 거쳐서 평가하고 확정한다.

○ PT 발표를 하는 중에 : 70% 잠정 평가 → 평가 초안
○ 질문/답변을 마치고 : 30% 추가 검증 → 평가 확정

따라서 까칠하고 집요한 부장/수석을 설득하기 위해서는 자신이 문제해결능력을 갖춘 지원자라는 확실한 인상을 심어줘야 한다. 하지만 짧은 발표시간 안에 자신을 어필하기란 쉽지 않다. 이제부터는 효과적으로 발표하기 위한 방법들을 알아보자. 발표구조, 발표 및 판서방법, 발표속도와 판서속도의 매칭방법 등을 살펴보겠다.

PART

3

직무면접

2. 4대 공략비법 3 : KKK 발표구조

PT 발표는 면접위원이 이해하기 쉽도록, 동시에 논리적인 설득력도 어필할 수 있도록 구성하는 것이 필수이다. 따라서 KKK 구조를 활용하는 것이 좋다. 왜 KKK 구조가 PT 발표에서도 활용 가능한지 그 이유를 알아보자.

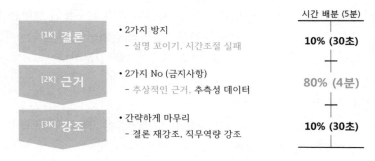

[비법③ : KKK 발표구조]

① [1K] 결론부터 말하는 이유 : 2가지 오류를 방지 (5분 가운데 30초 사용)
- 발표 중간에 의도치 않게 설명이 꼬이는 것을 방지한다.
- 5분은 짧은 시간이다. 시간조절에 실패하는 것을 방지한다.
   - 구체적인 설명이 길어져서 갑작스럽게 끝내더라도 이미 결론을 제시했기 때문에 어느 정도 커버할 수 있다.

② [2K] 근거로 결론을 뒷받침 : 확실하고 명확한 근거를 제시 (5분 가운데 4분 사용)
- 추상적으로 생각한 근거는 안 된다.
- 추측성으로 정확하지 않은 데이터를 말해서도 안 된다.

③ [3K] 강조하면서 마무리 : 전문성과 소신을 보여주기 (5분 가운데 30초 사용)
- 결론을 다시 강조하거나 자신의 직무역량을 어필하는 것도 좋다.

3. 발표 + 판서를 잘하는 Tip

(1) 3 대 7 시간활용 법칙

PT 발표를 하면서 KKK 구조와 함께 필요한 것이 바로 3 대 7 법칙이다. 발표 도중에 자료와 화이트보드를 보는 비중을 30% 정도로, 나머지 70%는 면접위원을 보면서 설득하는 시간으로 잡으라는 것이다. 자료나 화이트보드를 보는 시간을 최소화하는 것이 좋다는 얘기다.

- 먼저, 발표를 하면서 자료나 화이트보드를 많이 보지 말자.
  - 면접위원 관점에서 자신감과 이해력이 부족한 지원자로 인식하기 쉽다.
  - 지원자 스스로도 발표 내용에 집중하기 어려운 경우가 많다.
- 대신, 최대한 면접위원의 얼굴을 보면서 발표하는 것이 좋다.
  - 면접위원과 눈을 맞추기 어렵다면 코나 입 부분을 보면서 발표하자.
  - 면접위원의 반응을 살피면서 발표를 진행할 수 있도록 충분한 연습이 필요하다.

모의면접에서 3대7 비율로 연습을 해도 실제 면접 현장에서는 5대5 정도의 비율로 하기도 쉽지 않다. 연습을 통해 차별화된 '나'를 각인시키는 시간으로 활용하자.

(2) 2가지 PT 방법

PT 방법은 화이트보드 유무에 따라 크게 2가지로 나눌 수 있다.

① 화이트보드를 사용하지 않는 경우

- 메모지를 보면서 발표하면 된다.
- A4 용지를 반으로 접어 활용하도록 하자.
  - 지원자가 들고 있는 메모지(보통 A4 용지)가 면접위원에게 생각보다 크게 보이고, 나풀나풀 흔들리는 모습이 신경쓰일 때도 있다.
  - 따라서 미리 A4 용지를 반으로 접어 양쪽에 발표 내용을 적는 것이 좋다.
- 발표를 할 때는 왼손에 A4 용지를 들고, 오른손으로 간단한 제스처를 하면서 내용을 강조한다.

② 화이트보드를 사용하는 경우

- 메모지를 들고 화이트보드에 판서를 하면서 발표해야 하므로 충분한 연습이 필요하다.
  - 특히 판서는 면접위원들에게 플러스 효과를 주기 때문에 꼭 하는 것이 좋다.
- 면접위원에게는 5분도 길고 지루하게 느껴진다.
  - 하루 종일 같은 내용을 들어야 하기 때문에 말로만 하면 더 지루하다.
- 판서를 통해서 이해하기 쉽고 차별화된 발표라는 인식을 심어주자.
  - 그래야 발표 내용에 대해 면접위원의 관심과 흥미를 끌어낼 수 있다.

(3) 화이트보드 사용 노하우

먼저, 판서방법에 대한 노하우가 필요하다.

- 화이트보드의 오른쪽에 서서 발표를 진행한다.
- 왼손으로 A4 메모지를 들고, 오른손으로 매직펜을 사용해서 판서하면 된다.

다음, 판서시간도 미리 구상해놓아야 한다. 발표 전에 판서할 내용, 발표 중에 판서할 내용을 미리 확실하게 구분해야 한다.

◉ 발표 전에는 일단 "잠시 판서를 하고 발표를 시작해도 되겠습니까?"라며 면접위원에게 동의를 구하자.

　– 그 뒤에 간단하게 판서를 하는데, 이때 판서 시간을 최소화시켜야 한다.

　– 판서 시간이 길면 면접위원의 집중력이 흐트러질 수 있기 때문이다.

◉ 발표 중에 판서를 할 때는 발표의 흐름을 끊기지 않게 하는 것이 중요하다.

　– 자신의 등을 많이 보이는 것도 지양하자.

　– 발표 중의 판서는 어렵기 때문에 미리 충분한 연습을 해야 한다.

4. 3가지 판서방법

(1) 보고서 판서법

　보고서 판서법은 회사의 전통적인 보고서 작성방법에서 따온 것이다. 아래 그림처럼 번호를 붙여 결론과 근거를 차례대로 적는다. Ⅰ에 결론의 제목과 요약을 적고, Ⅱ에 근거의 제목과 요약을 적으면 된다.

객실용 비누 가격 제안

Ⅰ. A안 : 600원 인하
　□ M/S 1위, 장기적 PS
　□ 수익성 → 내부 대응
　　- 850원 : 탈락

Ⅱ. 리스크 및 대응방안
　1. 수익성 약화
　　1) 패키지 공급
　　　- 객실비누 + 기타비누
　　　- 비누 전체 + 샴푸 등
　　2) 코스트 절감 대책
　2. 가격정보 유출
　　1) 보안계약

[보고서 판서법]

◎ 장점
- 나열식으로 판서를 하고 차례대로 발표를 하면 되기 때문에 가장 쉬운 방법이다.
- 발표 내용에 대한 판서방법을 간편하게 구상할 수 있다.

◎ 단점
- 상대적으로 단순하기 때문에 면접위원의 흥미를 끌기에는 한계가 있다.
- 판서하는 내용이 많아지면 발표 내용에 대한 집중도가 흔들릴 수 있다.

(2) 로직트리 판서법

앞서 과제 해결과정에서 설명한 로직트리를 활용하는 방법이다. 아래 그림처럼 Ⅰ에 결론의 제목과 요약을 적은 다음, Ⅱ에 근거의 제목과 요약을 적는 것은 보고서법과 같다. 그러나 근거의 요약 부분에 로직트리 분석 모양을 그대로 그리는 점이 다르다. 이 점이 로직트리 판서법의 핵심이다.

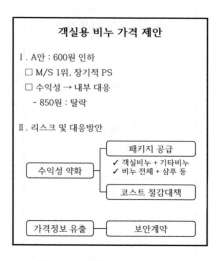

[로직트리 판서법]

◎ 장점

– 로직트리 분석방법을 그대로 가져오기 때문에 논리력을 어필할 수 있다.

– 해결방안과 세부방안을 가지치기 형식으로 보여줘 쉽게 이해할 수 있다.

– 발표 내용에 상관없이 어떤 주제에도 적절하게 사용할 수 있다.

◎ 단점

– 박스를 여러 개 그리기 때문에 판서시간이 오래 걸릴 수 있다.

(3) T 판서법

필자가 실무경험을 참고하여 고안한 방법이다. 화이트보드에 T자를 크게 그리고 세 부분으로 나누어 설명하는 방식이다. 아래 그림처럼 T의 윗부분에는 결론을 적고 T의 아래 왼쪽 부분에는 해결방안을, T의 아래 오른쪽 부분에는 세부방안을 적는 방법이다.

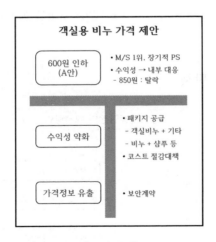

[T 판서법]

◎ 장점

– 지원자의 논리력과 함께 다른 지원자들과의 차별점을 어필할 수 있다.

– 발표 전과 발표 중으로 나눠서 판서하기에 용이하다

○ 단점

– 모든 발표내용에 적용시키기에는 어려움이 있다.

– 충분한 연습이 필요하다.

5. 4대 공략비법 4 : 발표 = 판서의 매칭

판서와 연관해서 두 가지를 고민해야 한다. 하나는 발표 전/후의 판서 내용을 구분하는 것이고, 또 다른 하나는 발표속도와 판서속도를 맞추는 것이다.

○ **PT 준비과정에서 발표 전에 판서할 내용, 발표 중에 판서할 내용을 미리 확실하게 구분하자.**

– 이를 구분해놓지 않으면 발표와 판서의 매칭이 뒤죽박죽이 될 수 있다.

○ **특히 발표 중에 하는 판서는 발표속도와 판서속도를 맞추는 연습이 필요하다.**

– 이를 맞추지 않으면 발표 자체가 매끄럽게 흘러가지 않는다.

– 발표 내용이 꼬일 수도 있고 발표시간을 초과할 수도 있다.

(1) 글자 위주의 판서

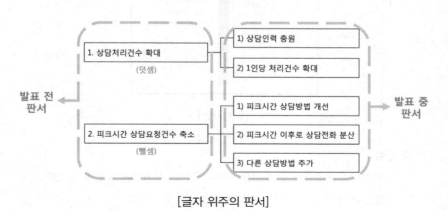

[글자 위주의 판서]

발표를 시작하기 전, 큰 틀의 해결방안을 화이트보드의 왼쪽에 판서해 놓는다.

- ◎ 판서를 하면서 지원자 스스로 발표내용에 대해 리허설하는 효과가 있다.
- ◎ 면접위원 관점에서도 판서내용을 보면서 흥미를 가지게 된다.

그리고 발표하면서 세부방안을 판서하면 된다. 이때 중요한 포인트가 있다.

- ◎ 세부방안의 내용을 모두 판서하려고 하지 말자.
- ◎ 입으로 말하는 스피드보다 손으로 적는 스피드가 훨씬 늦기 때문이다.
  - 상담인력 충원 → 충원 : 핵심 단어만 판서한다.
  - 피크시간 상담방법 개선 → 피 상 개 : 요약 글자만 판서한다.

(2) T 판서법

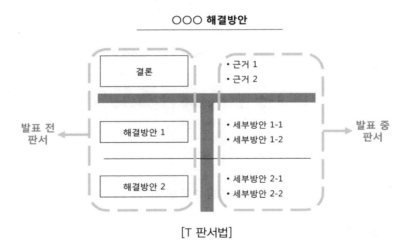

[T 판서법]

발표를 시작하기 전, 화이트보드 중앙에 T자를 크게 그린다. 그리고 T의 왼쪽에 결론의 제목과 해결방안의 제목을 판서한다.

- ◎ 상자박스는 그리지 않아도 된다.
- ◎ 판서시간을 최소화하려면 충분한 연습이 필요하다.

그리고 발표하면서 T의 오른쪽에 세부방안을 판서하면 된다. 이때도 다음 포인트를 꼭 기억하자.

- 세부방안의 내용을 모두 판서하려고 하지 말자.
- 핵심 단어만 판서하거나 맨 앞의 글자만 요약해서 판서하는 것이 좋다.

(3) 글자+그림 혼합 판서

이공계 지원자는 특정 기술이나 지식, 이론에 대한 문제를 제시받는다. 전문성을 확인하기 위한 '기술 설명형'이나 '이슈 설명형' 문제를 받게 되면, 앞서 설명한 3가지 판서법을 활용하지 않아도 된다. 오히려 기술적인 그림을 그려 설명하는 것이 효과적이다.

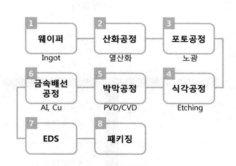

반도체 8대공정 프로세스

[글자+그림 혼합 판서]

- 발표 전의 판서
  - 박스를 그리고 박스 안에 키워드를 적는다
- 발표 중의 판서
  - 설명하는 단어를 약자 또는 한 글자로 적는다.

(4) 그림 위주의 판서

어려운 기술 내용은 글자보다 그림으로 설명하는 것이 보다 효과적이다.
이 경우 글자는 생략하고 그림으로만 판서하는 방법도 활용할 수 있다.

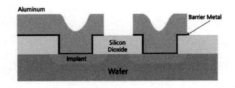

[그림 위주의 판서]

○ 발표 전의 판서

   – 그림을 그리고 핵심 내용을 심플하게 적는다.

○ 발표 중의 판서

   – 설명하는 단어를 약자 또는 한 글자로 적는다.

PT 발표가 끝나면 면접위원의 질문이 이어지는데 보통 3단계 질문구조로 진행된다.

- ◉ [1단계] PT 관련 질문
    - – 지원자가 발표한 PT 내용에 관한 질문이므로 가장 중요하다.
- ◉ [2단계] 직무/전공 관련 질문
    - – 지원자가 제출한 성적표, 이력서 등을 보고 질문한다.
- ◉ [3단계] 지원자의 경험에 대한 질문
    - – 지원자가 제출한 이력서, 자소서를 참고하여 질문한다.

직무면접의 평가항목은 회사에 따라 다르지만 평균적으로 4~5개로 구성되어 있다. 이 가운데 전문성에 대한 점수비중이 가장 크다고 보면 된다.

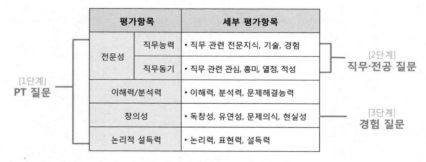

[직무면접 평가항목 및 3단계 질문/답변]

- ◉ 전문성 : 직무능력과 직무동기로 나누어 평가한다
    - – 직무능력 : 직무와 관련된 역량으로 전문지식, 기술, 경험을 검증한다.
    - – 직무동기 : 직무에 대한 열정으로 관심, 흥미, 적성을 검증한다.
- ◉ 이해력/분석력 : 문제를 해결하는 과정, Tool 활용능력을 검증한다.

- ● 창의성 : 차별화된 아이디어, 독창성을 검증한다.
- ● 논리적 설득력 : 이해하기 쉽게, 명확하게 설명하는 의사소통능력을 검증한다.

1. 1단계 : PT 관련 질문

PT 관련 질문에는 약한 수준의 압박질문으로 전개되는 경우가 많다. 지원자가 발표한 내용 중에서 미흡하거나 추가 검증이 필요한 내용을 묻는다. 면접위원이 자신의 의견을 제시하면서 다소 압박하는 식으로 물어보기도 한다.

- ● 질문 리스트
  - 저는 지원자의 주장과 반대의 의견을 주장하고 싶은데, 어떻게 생각하나요?
  - 저는 지원자가 제시한 이론과 근거 데이터가 미흡하다고 생각하는데, 어떻게 생각하나요?
- ● 답변 Tip
  - 먼저, 면접위원의 의견을 인정하자.
  - 그리고 나서, 자신의 의견을 논리적으로 다시 한번 설명하는 자세가 좋다.
  - 면접위원의 의견이 맞고 지원자가 잘못된 이론을 적용한 경우라면, 또는 근거 자료가 부족하다면, 변명하지 않고 감사를 표현하며 받아들이는 자세가 필요하다.
  - "가르쳐 주셔서 고맙습니다."라고 하거나 "제가 좀 더 공부하겠습니다."라고 하면 진실성도 어필할 수 있다.

2. 2단계 : 직무/전공 질문

직무/전공 질문은 다시 2가지로 구분된다. 직무역량 검증질문과 직무동기 검증질문이 그것이다. 특히 2단계 질문은 인성면접의 질문과 중복되는 경우도 있다.

(1) 직무역량 검증질문

직무역량 검증질문은 주로 지원자가 입사지원서에 쓴 항목들에 대해서 묻는다. 구체적으로 그동안 받은 교육사항, 자격증, 경력사항, 기타 활동 등을 잘 수행했는지 확인하는 것이다.

- ○ 질문 리스트
  - – 입사 후, 주어진 직무를 수행하는 데 본인이 갖추고 있다고 생각하는 능력이 있으면 무엇이든 얘기해 주세요.
  - – 직무 수행에 있어 본인의 능력이 충분하다고 생각하나요?
  - – 부족한 점을 보완하기 위해 준비해온 것은 무엇인가요?
  - – 지원자가 하려는 직무에는 회로이론이 중요합니다. 그런데 회로이론 과목의 학점이 좋지 않은 이유가 무엇인가요?
- ○ 답변 Tip
  - – 자신의 상황을 솔직하게 전달하는 것이 중요하다.
  - – 그리고 입사 후에 어떻게 성장할 것인지에 대해 자신 있게 설명하면 된다.

(2) 직무동기 검증질문

지원직무에 대한 지원자의 관심도를 파악하기 위한 질문이다. 직무에 대한 관심이나 흥미가 클수록 입사 후 성장 가능성도 열려있다고 본다. 때문에 면접위원 관점에서는 사실 직무역량보다 직무동기에 대한 질문을 더 중요하게 생각한다. 주로 직무를 선택한 이유나 이와 관련된 활동에 대해 물어본다.

- ○ 질문 리스트
  - – ○○직무를 선택한 이유가 무엇인가요?
  - – 전공과목 중 특히 흥미가 많았던 과목은 무엇인가요?
  - – 직무 경험을 쌓기 위해 학과 공부 외에 특별한 활동을 한 것이 있나요?
  - – 전공/직무와 연관된 대내외 활동에 대해서 설명해 주세요.

- ○○산업의 미래 변화를 전망하고, 자신의 비전을 얘기해 주세요.
- 다시 대학에 입학한다면, 어떤 공부를 하고 싶은가요?
- 다시 대학에 입학해서 두 가지의 목표를 설정한다면 무엇을 선택할 것이며, 그 달성방법은 무엇인가요?

◉ 답변 Tip
- 자신이 지원한 직무를 '평생직업'이라는 관점에서 선택했다는 점을 어필하는 것이 중요하다.
- 이를 통해 입사하기 위해 치열하게 노력한 근거를 제시한다.
- 더불어 입사 후에 지원직무에서 20~30년 후의 포부나 목표를 제시해주면 좋다.

3. 3단계 : 경험 질문 – 창의성 등

지원자의 창의성과 같은 구체적인 특성을 갖추고 있는지 확인하는 질문이다. 지원자의 경험에 대해 물어보거나 특정 상황을 제시하는 경우가 많다.

◉ 질문 리스트
- 기존과는 다른 방식을 시도하여 개선했던 경험 중, 가장 효과적이었던 것은 무엇인가요?
- 프로젝트 경험 중 지원자의 아이디어로 인해 성공했던 사례를 소개해주세요.

◉ 답변 Tip
- 상황 설명과 함께 자신의 역할/기여도를 중점적으로 말하는 것이 중요하다.
- 여기서 자신이 새로운 아이디어를 제시하거나 해당 경험을 해결하기 위해 제안한 내용을 포함시키면 좋다.
  → 자신의 맡은 역할을 수행하면서 기여한 점을 구체적으로 설명하라는 것이다. 이를 통해 얻은 성과와 무엇을 배웠는지까지 얘기하면 더 좋을 것이다.
- 앞에서 배운 KKK 답변구조를 활용한다면 더욱 짜임새 있는 답변이 가능하다.

직무면접에서도 면접 말미에 마무리 발언 기회를 주기도 한다. 그러면 꼭 해야 한다. 끝까지 최선을 다한다는 이미지를 심어주는 것이 필요하기 때문이다. [◀ p.76 마무리 발언에서 연결]

그리고 자리에서 일어나서 바로 퇴실하지 말자. 인사하면서 짧게 감사를 표시하고 퇴실하는 것이 좋다. 마무리 발언과 함께 끝인상을 결정하기 때문이다. [◀ p.77 인사하고 퇴실에서 연결]

최근 직무면접 방식이 크게 변하고 있다. 코로나19로 인해 비대면 면접이 확산
되었기 때문이다. 대면면접 대신 화상면접을 활용하면서 PT 방식을 Q&A 방식
으로 바꾸는 기업이 늘고 있다.

직무면접 면접복기와
기출문제 분석

최근 직무면접 방식이 크게 변하고 있다. 코로나19로 인해 비대면 면접이 확산되었기 때문이다. 대면면접 대신 화상면접을 활용하면서 PT 방식을 Q&A 방식으로 바꾸는 기업이 늘고 있다.

- ○ PT 방식 : 직무면접의 일반적인 형태. 회사가 제시한 문제를 풀고 그 내용을 발표하는 것으로, 발표면접이라고도 한다.
- ○ Q&A 방식 : 별도의 문제를 제시하지 않고 인성면접과 같이 직무관련 질문을 던지는 방식이다.

PT 방식의 대표 주자였던 삼성전자부터 변화가 있었다. 코로나19가 확산된 2020년 상반기부터 PT 방식을 Q&A 방식으로 바꾸었다. 화상면접으로 진행하기 때문에 발표하는 과정이 복잡하고 시간도 많이 걸리기 때문이다. SK하이닉스, LG 계열사 등은 여전히 PT 방식을 유지하고 있지만, 점차 Q&A 방식으로 바꾸는 회사가 증가하고 있다.

이를 감안하여 PT 방식의 면접복기와 Q&A 방식의 면접복기를 구분해 제시했다. 2가지 면접복기를 보면서 직무면접의 과정, 질문의 내용, 답변의 흐름을 파악하면 된다.

1. PT 방식 직무면접 1 : S지원자 Case

먼저 지금까지 가장 일반적으로 해왔던 PT 방식의 직무면접부터 케이스를 통해 살펴보자. PT 방식의 직무면접은 본격적인 면접에 앞서 별도의 장소로 이동하여 문제를 풀어야 한다. Case를 통해 어떤 순서로 진행되는지 파악해보자.

(1) 면접 진행 순서

① 문제 키워드를 보여주고 문제를 고르는 시간은 5분을 준다.

 문제 키워드
- 금속의 부식
- 진동과 피로
- 반도체 공정(포토)

② 키워드를 고르면 문제지, 답안지를 나눠준다. 문제지에는 작성하면 안 되고 답안지에만 작성이 가능하다. 문제지에는 면접자가 선택한 키워드(진동과 피로)의 세부문제가 제시된다.

PART
3
직무면접

 진동과 피로의 세부문제
1. 진동과 공명에 대해 설명하시오.
2. 점성 감쇠계 운동에 대해 설명하고 운동방정식을 정의하시오.
3. 진동을 감쇠하기 위한 방법을 고안하시오.

③ 세부문제를 푸는 시간은 45분을 준다. 이 시간 안에 문제를 풀고 발표방식까지 구체적으로 짜놔야 한다.

 문제풀기
1. 진동 : 물체가 운동할 때, 일정한 방향이 아닌 특정 주기 또는 주파수의 방향 전환을 갖는 운동
   공명 : 특정 주기 또는 주파수의 영향으로 진폭이 무한으로 발산하는 현상
2. 자유물체도 기반 mx''+cx'+kx=Fa 설명
3. 진동을 감쇠하기 위한 방법
   - 뎀퍼와 스프링 추가 부착
   - 보조질량(m) 추가
   - 진동을 발생시키는 요인(Compressor, Motor)의 진동패턴을 분석하여 감쇠시키는 외진동 발생

④ 답안지를 작성하여 제출하고 면접 대기실로 이동한다. 작성한 답안지는 면접 시작 5~10분 전에 다시 주기 때문에 볼 수 있다.

⑤ 답안지를 들고 면접장 입장하여 인사한 후 착석하라는 말을 듣고 착석한다. 1분 자기소개 후에 직무면접을 본격적으로 시작한다. 판서를 진행한 다음, 세부문제를 푼 내용을 5분 동안 발표한다.

⑥ 발표가 끝나면 면접위원의 질문이 이어진다.

1 **1Q** 진동을 감쇠시키는 방법 중 3번째 방법(감쇠시키는 외진동 발생)이 과연 잘 구현이 될까요?

1A 물론 현실적으로 쉽지 않을 것입니다. 진동패턴을 센싱하기 어려울 뿐 만 아니라, Real time error가 많이 발생될 수 있습니다. 하지만 데이터를 충분히 습득하여 Real time error를 줄일 수 있으며 효율적인 비용, 능동적인 기술제어가 가능할 것이다.

2Q 왜 설비기술 직무를 지원했나요?

2 **2A** 이왕 평생직장을 찾는 것이라면 그 회사를 위해 내가 가장 길고 오래 몸담을 수 있는 직무를 원했습니다.
S사의 설비기술 직무는 24시간 가동되기 때문에 저의 가치관과 부합된다고 생각하여 지원했습니다. 퇴근하고 잠에 들기 전까지 일하는 마음을 갖고 싶고, 출근을 위해 눈 떴을 때 '내 차례다!'라는 마음을 갖고 일하고 싶습니다.

3Q 연구내용을 보면 다른 회사도 지원이 가능한데, 왜 반도체 회사인 우리 회사를 지원했나요?

3 **3A** 연구생활에서 측정 장비를 만들면서 작은 오차가 큰 오류를 만드는 것을 알게 되었습니다. 이를 해결하면서 점점 줄어가는 오차를 보고 뿌듯함을 느꼈으며, 보완되는 장비의 성능이 좋아질수록 실험의 신뢰도가 높아 연구에 큰 도움이 되었습니다. 반도체 회사에 입사하게 된다면, 저의 이러한 경험과 성격을 펼칠 수 있을 것이라 생각하여 지원했습니다. (이건 답변을 잘 못한 것 같습니다.)

1 발표 내용과 관련된 질문이다.
− 틀린 내용이나 추가 설명이 필요한 내용을 확인한다는 의미가 있다.

2 '평생직장'이란 키워드를 명확히 제시했다.
− 교대근무하는 설비기술 직무의 특성을 감안하여 퇴근/출근 시의 마인드를 어필했다.

3 경험과 성격을 바탕으로 설득력 있는 답변을 했다.
− 측정장비=설비의 개념으로 사례를 활용했다.

4Q 이전 회사에서 1년 넘게 근무했는데, 왜 퇴사를 했나요?

4 **솔직함이 묻어나는 답변으로 설득했다.**

– S사 탈락 후 타사에 취업하게 된 이유를 설명했다.
– S사 입사 및 설비기술 직무에 대한 꿈에 재도전하는 절박감을 전달했다.

4 **4A** 올해 2월에 졸업하면서 부모님의 기대와 경제적인 상황이 좋지 않아 취업을 위한 취업을 진행했습니다. 이전 회사에서도 열심히 적응하며 칭찬도 받고 혼줄도 났지만 회식, 야유회 등 좋은 추억을 쌓고 사회생활을 배워나갔습니다.

하지만 학부 시절, 연구실 생활에서부터 꿈꿔온 설비제어 및 설비관리 직무에 대한 갈망을 놓지 않았습니다. 연속된 S사 지원의 낙방에 좌절을 맛봤고, 20대가 더 늦기 전에 과감하게 배수진을 치게 되었습니다.

5Q 논문 실적은 따로 없나요?

5A 최근에 논문이 게재되었습니다.

ACS Applied Materials & Interfaces에 1저자로 게재되었고 표재 등재라는 영광을 받았습니다.

6Q 끝으로 하고 싶은 말 있으면 듣고 마치겠습니다.

5 **면접을 마무리하면서 느끼는 진실성이 느껴진다.**

– 아직 부족하다는 겸손함과 성장 가능성이 있다는 열정을 어필했다.

5 **6A** 오늘 면접에서 제 진심을 전달드리고 싶었습니다. 아직 부족한 점이 많다는 것을 느꼈습니다. 하지만 S사에 입사하고픈 의지와 설비기술 직무에 대한 열정은 그 누구보다 크다고 생각합니다.

저에게 좋은 기회를 주셔서 다음에 인사드릴 수 있다면 한 단계 성장한 엔지니어로서 기여하겠습니다. 소중한 기회를 주셔서 고맙습니다.

2. PT 방식 직무면접 2 : T지원자 Case

(1) 면접 진행 순서

> 👉 문제 키워드
>
> - 설비체결
> - Deposition
> - ESD → 설비체결 선택

> 👉 설비체결 세부문제
>
> 1. 설비체결의 목적과 종류를 설명하시오.
> 2. 그림에 주어진 상황의 토크를 설명하시오.
> 3. 케이블에 Water/Air leak이 생기면 보통 교체를 한다. 이것을 PM할 수 있는 방식을 설명하시오.

* 답안지에 요소설계 때 배운 내용을 다 적었습니다. 하지만 Water/Air leak에 대해 잘 몰라서 그 문제의 원인을 케이블 내부의 유체로 잡고 공동현상으로 접근하여 생각했습니다. 유체 내부에 공동이 생기면 … 공동현상을 설명하고 대책을 제시했습니다.

발표 후 질문답변

1️⃣ 1Q Leak가 무엇인지 잘 모르나요?

2️⃣ 1A 결함으로 알고 있습니다. 근데 Water/Air leak 는 정확하게 모르겠습니다. 그래서 유체를 원인으로 잡고 접근해 보았습니다.

1️⃣ 발표 관련 질문

2️⃣ 모르는 문제이지만 포기하지 않고 유추해서 접근한 자세가 좋다.

2Q (면접위원이 해당 Leak를 설명해준 다음) 그럼 지금 대책을 말해보세요.

2A 생각할 시간을 가져도 되겠습니까?

③ 면접위원의 마음을 파악하고 바로 답변한 센스가 돋보인다.

③ (면접위원들이 다 컴퓨터 쪽으로 시선이 가는 것을 보고 다급해서 바로 말했습니다.)
답변하겠습니다. 음 … 케이블을 그냥 메꾸거나 교체하는 것이 맞다고 생각합니다. (이미 문제에 제시된 것을 그대로 말해버렸습니다.)

3Q 그래요. 그게 바로 정답입니다! 하하하

④ 추가답변을 통해 직무역량을 어필했다.
– 면접위원의 동의를 구한 것에서 예의가 느껴진다.

④ 3A (이 기회를 놓치고 싶지 않아서 손들고 말했습니다.) 갑자기 생각난 또 다른 방법이 있는데 설명드려도 되겠습니까?
(동의를 구한 후) Leak가 생기면 유압/수압에 문제가 생긴 것을 시스템적으로 바로 알아챌 수 있습니다. Leak가 생긴 부분을 찾아 절단하여 밸브를 이용하는 방법도 있습니다. 밸브를 이용하면 압력조절이 될뿐더러 Leak를 방지할 수 있습니다.

4Q 해당 부분을 절단하고 그 부분에 규격이 맞는 밸브를 설치한다는 얘기죠?

4A 네! 맞습니다.

⑤ 부정적인 관점보다 긍정적인 관점에 방점이 있는 조언이다.

⑤ 5Q 세부문제 ①에서 지원자가 너무 자그마한 부분만 얘기한 것 같아요. 좀 더 크게 시스템을 파악해서 넓게 보는 역량을 길러야 될 것 같습니다.

5A 아! 네 알겠습니다. 앞으로 그런 식으로 크게 시스템적으로 바라보는 연습을 하도록 하겠습니다.

6Q 기계를 체결하는데 볼트나 너트 말고 다른 방법이 무엇이 있는 것 같아요?

6A (5초 생각 후) 용접기술이 있습니다.

7Q 우리는 용접이 뭔지 잘 모릅니다. 용접기술이 기계적
방식인가요? 내가 알기론 물리적 화학적 방식으로
알고 있는데?

7A 용접기술은 제가 요소설계 과목에서 배운 것입니
다. 따라서 기계적 방식이라 생각합니다.

8Q 반도체 공정에 대해 아는 것이 있는가요? 있으면 그
걸 설명해보세요.

6 8A 포토공정을 알고 있습니다. 포토공정은 반도체
공정에서 가장 많은 시간을 차지하고 30%에 육박하
는 비용이 들기에 가장 중요한 공정이라 생각하여
학습했습니다.
그 중 포토공정 과정에서 Alignment와 Exposure
가 가장 중요하다고 생각합니다. (이후 Aligner에
대해 3가지 방식의 장단점을 설명했습니다.)

6 포토공정에 대한 설명이
구체적이다.

9Q 그러면 입사하면 어디 공정으로 가고 싶은가요?

7 9A 포토공정으로 가고 싶습니다. 가장 중요한 공정
인 만큼 책임감을 갖고 회사 내에서 최고의 글로벌
엔지니어가 되고 싶습니다.

7 8A 내용과 일관성이 있
는 답변이다.

10Q 포토공정 장비는 어디 회사 것을 쓰고 있는지 아시
나요?

10A ASML 장비입니다.

11Q 마지막 할 말을 해주세요.

8 11A 저보다 오랜 내공을 쌓은 상사나 주변 엔지니어
들에게 모르는 것들을 열정적으로 배움의 자세를 갖
는 신입사원이 되겠습니다. 감사합니다.

8 간결한 마무리를 통해 겸
손과 열정을 전달했다.

3. Q&A 방식 직무면접 : U지원자 Case

Q&A 방식의 직무면접은 PT 방식과는 다르게 별도의 장소로 이동해 문제를 푸는 시간이 없다. 인성면접과 동일하게 면접실에 입실하면 간단하게 인사를 나누고 바로 질문/답변이 시작된다.

(1) 면접위원의 질문자료

면접위원이 질문할 때 참고하는 자료는 지원자가 제출한 것들이다. 자소서와 이력서가 기본이 되는 자료들로 인성면접에서 면접위원이 참고하는 자료와 동일하다. 그러므로 면접 준비를 할 때 본인이 쓴 자소서와 이력서에 대해 더욱 더 꼼꼼한 분석이 필요하다.

특히 삼성의 경우 질문 자료들 중에서도 다음과 같이 우선순위가 있다고 생각하고 준비해야 한다.

- 자소서 : Essay 4번에 적은 직무역량을 확인
  - 지원한 직무 관련 본인이 갖고 있는 전문지식/경험(심화전공, 프로젝트, 논문, 공모전 등)을 작성하고, 이를 바탕으로 본인이 지원 직무에 적합한 사유를 구체적으로 서술해 주시기 바랍니다.
- 이력서 : 직무 관련 학습/경험한 내용을 확인
  - 특기사항
  - 직무관련 경력
  - 대내외 활동 : 각종 연수사항
  - 직무관련 자격
  - 직무관련 수상
- 전공 기초 질문
  - JD의 Recommended Subject : 전공지식 검증

1Q 자기소개부터 해주세요.

1A M사업부 공정설계에 지원한 U입니다. 공정설계를 지원하기 위해 2가지 경험을 쌓았습니다.

첫째, …

둘째, …

1 **2Q** 자소서에 공정에 관해 경험했다고 적혀있는데, 가장 중요하다고 생각하는 공정 하나를 설명해 주세요.

2A 저는 포토공정이라고 생각하고 포토공정 과정을 설명드리겠습니다.

2 ▶ 포토공정 과정 설명 : HDMS → Spin coating → Soft bake → 정렬/노광 → PEB → 현상 → Hard bake

3Q (고개를 끄덕거리고) 그 공정을 경험하면서 제일 중요하다고 생각되는 요인이 무엇인가요?

3A 잠시만 생각하고 말씀드리겠습니다. (어느 부분을 먼저 말해야할지 당황해서 이렇게 말씀드렸더니 바로 다시 질문했습니다.)

4Q 다시, 제가 구체적으로 묻겠습니다. Positive와 Negative PR은 각각 어떻게 다르고 무엇이 더 좋을까요?

3 **4A** Positive PR은 빛을 받은 부분이 결합력이 약해져 사라지게 되고, Negative PR은 빛을 받은 부분이 결합력이 강해져 남아있게 됩니다. Positive PR이 더 미세패턴을 잘 새길 수 있어 좋다고 생각합니다.

1 Essay 4번 내용에 대한 질문이다.

2 포토공정 과정을 정확하게 설명했다.

3 중요한 타이밍이다.

– 구체적으로 질문했기 때문에 답변하지 못하면 타격이 크다.

4 다소 확신이 부족한 답변이다.

5Q Positive가 더 좋다고 하셨는데, 그럼 Negative는 안 좋은가요?

4 **5A** (여기서 제가 잘못알고 있는 것 같아 혼란이 왔습니다. 에너지 효율측면에 대해 말하고 싶었는데 순간 생각나지 않았습니다.) Negative PR은 회절현상을 고려할 수 있습니다. …
제가 공정을 진행했을 때는 Positive PR을 사용했던 패턴이 더 잘 나와서 … Negative의 장점이 당장 생각이 나지 않습니다.

6Q 공정 경험에서 Positive보다 Negative PR을 덜 좋은 성능을 썼나보네요?

6A 제가 긴장을 해서 당장 장점이 떠오르지 않습니다. ('허허 … PR 성능에 따라 많이 다르죠' 하면서 넘어갔습니다.)

7Q 공정설계 직무는 무엇을 한다고 생각하나요?

5 JD의 Role을 참고해서 명확하게 설명했다.

5 **7A** 공정설계 직무란 최적의 반도체 공정 프로세스를 설계하고, 소자의 요구 성능 및 품질 확보를 위한 분석 및 최적화를 하는 직무입니다.

8Q 왜 공정설계를 지원했나요? 물리학이 도움이 되나요?

8A 제가 양자소재 및 소자 강의를 들었을 때, 반도체의 여러 소자의 동작원리와 Energy band gap 등을 배웠습니다.
이를 통해, 졸업 시 양자점 트랜지스터 관련 논문도 작성하였습니다. 또한, 외부강의를 통해 8대 공정과 플라즈마 기초에 대해 기본기를 다졌습니다.

9Q 그럼 메모리 소자에 DRAM, NAND가 있는데 어느 쪽으로 가고 싶나요?

9A 어느 쪽을 더 가보고 싶다고 확실히 정하진 못했지만, DRAM에 관심이 있습니다.

10Q 왜 그런가요? DRAM을 설명해주세요. DRAM 공정은 뭘 잘해야 하나요?

6 10A DRAM은 하나의 커패시터와 하나의 트랜지스터로 구성됩니다.

▶ Bit line과 Word line을 이용해 동작원리 설명 : 휘발성인 이유, 누설전류 언급

▶ DRAM Capacitor의 전기용량을 높이기 위한 방안 설명 : 유전율, 면적, 길이 측면으로 나누어 설명

(만족한 표정으로 다들 웃으셔서, 포토공정에서 잘 대답하지 못한 부분을 만회한 기분이었습니다.)

6 **구체적이고 명확한 답변이다.**
- 9A 답변에 대한 근거를 제공했다.

11Q 지원자가 더 하고 싶은 말이나 마무리 발언을 들을까요?

7 11A 저는 반도체 엔지니어로서 진로를 선택하기까지 돌아온 시간이 조금 길었습니다. 아직 부족한 건 많지만, 이 자리에 누구보다 많은 열정을 가지고 정말 많이 배우고 노력하여 이 자리에 왔습니다.

긴장을 많이 해서 다 보여드리지는 못했지만, 입사 후 더욱 열심히 배우고 노력하며 이 열정을 쏟아내겠습니다! 감사합니다!!

(이때, '마지막이라도 후회 없이 말하자'라는 생각으로 엄청 큰소리로 생각나는 대로 말한 것 같습니다. 그랬더니 면접위원들이 다 웃으시면서 끄덕거렸습니다.)

7 **간결하게 솔직한 마음을 전달했다.**
- 끝까지 최선을 다하는 모습을 보여주었다.

1. 이공계 기출문제 : 연구개발직무, 생산기술직무

반도체 회사를 지원한 면접자에게 직무면접에서 자주 질문하는 내용을 살펴보자. 이공계 지원자의 경우 전문성 확인문제가 중심이다. 반도체 엔지니어로서 전공별로 알아야 하는 전공지식을 검증한다고 생각하면 된다.

다음은 렛유인 유제규 선생님께서 정리하신 내용을 받은 것이다. 반도체 엔지니어로 30년 이상 경험을 쌓으신 선생님의 의견이니 믿고 참고하면 좋겠다.

(1) 전기전자 전공

- Capacitance 구조와 원리에 대해여 설명하시오.
- PN 접합 다이오드에 대해 설명하시오.
- BJT와 MOSFET의 차이에 대해 설명하시오.
- Latch와 Flip Flop 차이에 대해 설명하시오.
- 논리회로(AND/OR/NAND gate)에 대해 설명하시오.
- RC Delay에 대해 설명하시오.
- OP Amp에 대해 설명하시오.
- NMOS와 PMOS의 차이점, 그리고 CMOS에 대하여 설명하시오.
- 키르히호프 법칙(Kirchhoff's law)에 대하여 설명하시오.
- 스미스 차트(Smith chart)에 대한 개념과 성질에 대해 설명하시오.

(2) 재료/금속 전공

- 실리콘의 결정구조에 대해 설명하시오.

- S-N 커브(피로설계)를 그리고 설명하시오.
- 피로(Fatigue)를 일으키는 인자와 재료 강화방법에 대해 설명하시오.
- CTE(열팽창 계수, Coefficient of Thermal Expansion)에 대해 설명하시오.
- 강유전체의 분극이력 특성(Hysterisis loop)을 그리고 설명하시오.
- 유전체(Dielectric material)를 정의하고 강유전체(Ferroelectrics)의 종류에 대해 설명하시오.
- 반도체용 고분자 재료(PR, Die Bonding Material, EMC 등)에 대해 설명하시오.
- 터널링 효과(Tunneling Effect)에 대해 양자역학으로 설명 하시오.

(3) 화학 / 화공 전공

- 평균 자유 행정(Mean Free path)에 대해 설명하시오.
- 활성화 에너지(Activation Energy)에 대해 설명하시오.
- 진공(Vacuum)에 대해 설명하시오.
- 촉매 반응(Catalysis)과 흡착 메커니즘(물리, 화학 흡착)에 대해 설명하시오.
- 산화반응에 대해 설명하시오.
- 브뢴스태드 로우리의 산과염기와 루이스의 산과염기에 대해 설명하시오.
- 반데르 발스 법칙(Van der Waals equation)에 대해 설명하시오.
- 베르누이 방정식(Bernoulli's equation)에 대해 설명하시오.
- 가역 반응과 비가역 반응에 대해 설명하시오.
- 열역학에 대해 설명하시오.
- 환류(Reflux)에 대해 설명하시오.

(4) 기계 전공

- 상대압력과 절대압력에 대해 설명하시오.
- 항복강도와 푸아송비에 대해 설명하시오.
- 진공(Vacuum)을 위한 펌프의 종류에 대해 설명하시오.

○ MFC(Mass Flow Controller) 구동원리에 대해 설명하시오.

○ 칠러(Chiller) 장비(온도조절장치)에 대해 설명하시오.

○ 베르누이 방정식(유체역학)에 대해 설명하시오.

○ 열전달의 원리에 대해 설명하시오.

(5) 물리 전공

○ Rayleigh(해상도) Equation에 대해 설명하시오.

○ SEM, TEM의 원리에 대해 설명하시오.

○ 브래그 법칙(Bragg's law)에 대해 설명하시오.

○ 빛의 특성 5가지(직진, 반사/투과, 굴절, 간섭, 회절)를 물리 관점으로 설명하시오.

○ 스넬의 법칙(Snell's law), 굴절의 법칙(the laws of refraction)에 대해 설명하시오.

○ 상대성 이론(특수 상대성, 일반 상대성)에 대해 설명하시오.

○ 에너지 밴드(Energy Band)와 에너지 갭(Energy Gap)에 대해 설명하시오.

2. 인문계 기출문제 : 영업마케팅직무, 경영지원직무

(1) 이슈 설명형 문제 - 전문성 확인

- 최근 전 산업으로 확산되고 있는 가성비 트렌드의 배경을 분석하고, 유통업체인 C사의 대응방안을 구체적으로 설명하라. ▶ 유통
- 최근 미국 달러 환율변동과 관련하여 수출비중(80%)이 높은 D사에 미치는 손익 영향과 이를 헷지할 수 있는 전략을 수립하라. ▶ 자금
- T사와 같은 글로벌 IT 회사의 재무구조적 특징을 설명하고, 현재 글로벌 경영환경에 적합한 재무관리 전략을 구체적으로 제시하라. ▶ 재무회계
- 사물인터넷(IoT) 기술이 발전하고 있다. 미래에 가장 필요한 IoT에 적용가능한 소프트웨어를 논하라. ▶ S/W

(2) 마케팅형 문제 - 과제 해결

- 클린사는 X리조트 강릉(신설)에 객실용 비누의 납품을 추진하고 있다. 글로벌 1위인 X리조트는 클린사를 1순위로 고려하고 있는데, 공급가격 인하를 요구한다. (클린사 제안가 850원, X리조트 요청가 600원, 경쟁사 제안가 550원) 클린사는 그 가격으로 공급할 경우 이익이 매우 낮아서 가격 결정에 고심하고 있다. 가격 결정 회의에 참석하는 당신은 어떻게 할 것인가?
- 전자회사인 S사는 SSD 판매를 획기적으로 확대할 필요가 있다. 기존의 HDD 사용자에게 SSD로 교체하도록 하는 마케팅 포인트를 본인의 생각으로 기술하라.
- 당신이 이용했던 경쟁사의 유통점과 비교하여 우리 회사의 유통점(하나로마트)의 특징을 설명하고, 특화된 마케팅 전략을 제시하라.

(3) 기획형 문제 - 과제 해결

- A사는 국내 최대 규모의 워터파크를 운영하고 있는데, 건설한 지 10년이 넘어 최근 매출이 감소하고 있다. 반면에 경쟁사 B사는 최신 시설과 고급스러운 편의 시설로 인기를 끌고 있다. 당신은 매출 개선을 목표로 워터파크 개선 프로젝트를 기획하라는 지시를 받았다. 어떻게 개선할 것인가?

- 웨어러블 기기의 시장선점 경쟁이 치열하다. 웨어러블 기기 가운데 헬스케어 기능의 미래 모습을 제시하고, 가장 중요한 고객층을 선정하여 효과적인 사업 전략을 기술하라.
- 저출산, 노령화, 녹색금융 중에서 한 가지를 선택하여 금융상품을 만들어 설명하라.

(4) 현안 해결형 문제 - 과제 해결

- J미디어는 광고기획 회사다. 지속성장을 가능케 하는 핵심 키워드를 선정(3개까지 가능)하고, 그에 대한 본인의 견해와 본인의 전공지식 및 경험을 활용하여 어떻게 기여할 것인지 설명하라.
- 아파트 분양률을 높일 수 있는 방안을 제시하라.
- 대체 에너지 개발에 따른 정유업계의 대응방안을 제시하라.
- 신입사원들의 입사 후 조기 퇴사율이 높아지고 있다. 이를 개선할 수 있는 방안을 제시하라.

(5) 추정형 문제 - 창의성 측정

- 우리나라의 경우, 가정용 청소기의 연간 시장규모는 어느 정도일까? (10분 안에 추정하여 설명할 것)
- 서울 시내에 H사가 생산한 자동차는 몇 대가 다니고 있을까?
- 최근 가장 이슈화된 게임은 무엇이라고 생각하는가? 해당 게임의 유저가 몇 명 정도 될 것인지 추정하라.
- 우리 회사의 '2030 비전'을 감안할 때, 적당한 지점 수를 선정하고 그 이유를 설명하라.
- 입사 3년 차 신입사원이 1년 동안 내는 축의금(결혼, 돌)은 얼마인가?
- 우리나라에서 하루에 몇 명의 신생아가 태어날까?
- 20kg 쌀 한 포대에 쌀이 몇 알 들어있을까?

(6) 역발상형 문제 - 창의성 측정

- 스님에게 빗을 팔아야 한다면, 어떻게 할 것인가?
- 볼펜으로 할 수 있는 일을 모두 말해보라.
- 백두산과 한라산을 바꿀 수 있는 방법이 있을까? 그 방법을 설명하라.
- 본인의 전문지식을 활용하여 백두산과 한라산을 바꿀 수 있는 방법이 있을까? 그 방법을 설명하라.
- 유리를 1억 원어치 팔려고 하면 어디에 팔아야 하는가?
- 빨간 벽돌을 건축자재 이외에 사용할 수 있는 용도를 말해보라.
- 타이어 100개를 1시간 안에 팔아야 한다면 어떻게 하겠는가?

1. 이공계 Case – 과제 설명형

(1) 과제 Case

7nm Fin FET 공정기술의 필요성과 문제점

반도체의 소형화 개발 경쟁이 심화되고 있다.
이러한 신제품 개발에는 막대한 투자가 소요되어 회사에 큰 부담으로 작용한다.
최근 이슈가 되고 있는 7nm Fin FET 공정기술의 개발 필요성과 문제점에 대해 설명하라.

Chapter 1에서 배운 Z 공략법으로 활용하여 다음 순서대로 적용하자.

① 과제해결 과정
② 결론도출 과정
③ PT준비 과정

(2) 과제해결 → 결론도출

먼저, 과제해결에 적합한 Tool을 선택하자.

- 개발 필요성을 검토하기 위해서는 반도체의 기술트렌드, 시장상황, 업계동향 등을 알아야 한다. 이를 감안하면 '3C 분석' 기법을 활용하는 것이 좋다.
- 문제점을 파악하려면 반도체의 개발, 생산, 구매, 영업 등에 대한 이해가 필요하다. 이를 감안하여 'QCD 분석' 기법을 활용하면 된다.
  - 문제점 파악과 함께 해결방안까지 도출해야 한다.

로직트리 분석			실행 가능성
개발 필요성 (3C 분석)	Customer	• 휴대폰 같은 소형기기 등장 • 반도체의 소형화 트렌드 지속	●
	Competitor	• 개발 중 : 대만 TSMC	○
	Company	• 7나노 세계 최초로 공개	●
문제점/해결방안 (QCD 관점)	Quality(기술)	• 웨이퍼 미세화 기술 → 클록 20% Up, 전력 40% Down • 전자가 낮은 모빌리티(이동도) → 소자 내부에 HEMT 구조 추가	○
	Cost	• 대규모 투자 리스크 → 가격 경쟁력, 차세대 시장 선점	●
	Delivery	• 세계 최초로 양산/공급 → 경쟁사와 초격차 확대	●

[과제해결 → 결론도출]

(3) Z 공략법 3단계

① [1단계] 과제해결 : 3C와 QCD를 활용한다.

○ 개발 필요성을 3C로 분석

- Customer : 주요 고객의 니즈를 충족시키기 위해서 반도체의 소형화는 필수

- Competitor : 최대 경쟁사인 TSMC는 이미 개발 중

- Company : A사가 10나노를 세계 최초로 공개한 만큼 7나노도 세계 최초 공개가 필요

○ 문제점/해결방안을 QCD로 도출한 다음, 실행 가능성을 검증한다.

- Quality : 품질/기술적인 면에서 웨이퍼 미세화 기술, 전자가 낮은 모빌리티 개선기술이 필요

→ 웨이퍼 미세화는 어렵지만 클록 20% 향상, 전력 40% 절감 가능

→ 낮은 모빌리티는 소자 내부에 HEMT 구조를 추가하여 해결

- Cost : 원가 측면에서 대규모 투자에 대한 리스크 직면

→ 가격 경쟁력 확보, 차세대 시장 선점을 위해 불가피한 투자

- Delivery : 세계 최초로 개발/양산하려는 경쟁 심화

→ 경쟁사와 초격차를 확대하기 위해 고객에게 최초 공급 필요

② [2단계] 결론도출

    ◉ 해결방안에 대해 각각 실행 가능성을 검증한다.

③ [3단계] PT준비 : 발표구조와 판서법을 결정한다.

    ◉ T 판서법을 활용하여 다음과 같이 발표내용의 키워드를 메모한다.

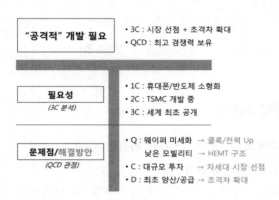

7nm Fin FET 공정기술

[T 판서법 메모]

    ◉ 메모한 내용을 바탕으로 실제 면접장에서 KKK 구조로 발표한다.

(4) KKK 발표구조

	7나노 핀펫 공정기술의 개발 필요성과 문제점에 대해 설명드리겠습니다.
1K 결론	• 결론적으로 '공격적'인 개발이 필요합니다. 　– 3C 관점 : 시장을 선점하고 초격차 유지에 반드시 필요합니다. 　– QCD 관점 : 최고 경쟁력 유지에 필요하기 때문입니다.
2K 근거 ①	• 필요성을 3C로 분석 　1) 휴대폰 등 고객의 니즈를 충족시키기 위해서 필수 　2) 경쟁사인 T사도 이미 개발 중 　3) A사가 10나노처럼 7나노도 세계 최초 공개가 필요

2K 근거 ②	• 문제점 및 해결방안은 QCD로 도출 　1) 품질/기술적인 면에서 2가지 과제 해결이 필요 　　① 웨이퍼 미세화 기술 개발 　　　– 더 많은 양의 정보를 빠르게 처리할 수 있고, 한 장의 웨이퍼 　　　　에서 얻는 칩 생산량을 늘려 가격도 낮출 수 있음 　　　– 어플리케이션 프로세서의 클록이 최대 20% 향상하고, 전력 　　　　소모량은 무려 40% 가까이 줄어드는 장점이 있음 　　② 전자가 낮은 모빌리티(이동도) 향상 　　　– 소자의 내부에 HEMT 구조를 추가하면 가능 　　　– HEMT는 High Electron Mobility Transistor의 약자로 게이트 　　　　단자에 전압을 가해주지 않아도 채널 내 전자의 모빌리티가 　　　　높게 유지되는 장점이 있음 　　　– HEMT 구조는 낮은 문턱 전압으로 인해 전압이 가해지지 않 　　　　은 상태에서도 ON 상태로 유지되기 때문에 이를 해결하는 　　　　것이 중요한 도전 과제가 될 것임 　2) 원가 측면에서 대규모 투자에 대한 리스크 직면 　　　– 가격 경쟁력 확보, 차세대 시장 선점을 위해 불가피한 투자 　3) 세계 최초로 개발/양산하려는 경쟁 심화 　　　– 경쟁사와 초격차를 확대하기 위해 고객에게 최초 공급 필요
3K 강조	• A사는 최근 7나노 핀펫 기술을 처음으로 공개했습니다. 　– 10나노에 이어 7나노 핀펫 기술도 세계 최초로 양산에 도전하여 　　초격차를 유지해야 합니다. 　– 경쟁사인 T사보다 먼저 7나노 핀펫을 양산하기 위해 저도 기여하 　　고 싶습니다. • 이상 발표를 마치겠습니다. 감사합니다.

PART

3

직무면접

Chapter 03 직무면접 면접복기와 기출문제 분석 **235**

2. 인문계 Case - 마케팅형

(1) 과제 Case

클린사의 객실용 비누가격 제안

- 클린사는 비누, 샴푸를 주력으로 하는 위생용품 기업으로서 중국과 동남아에 해외법인과 생산공장을 보유한 기업이다. 고객 신뢰를 최우선으로 여기며, 우수한 품질로 높은 고객 만족도를 유지하고 있다.
- 클린사는 미국에 본사를 둔 X리조트 한국지사로부터 내년 6월에 강릉에서 개장할 특급 리조트의 객실비치용 비누에 대한 납품 제의를 받았다. X리조트는 세계 곳곳에 대규모의 체인을 운영하고 있는 글로벌 1위 업체이다.
- X리조트는 클린사를 1순위로 고려하고 있지만, 2순위로 고려하고 있는 깨끗사로부터 기존에 X리조트 중국지사에서 사용하던 것과 동일한 품질의 비누를 이전보다 저렴한 가격인 개당 550원으로 공급할 것을 제안 받았다고 한다. 그러나 클린사의 고급형 제품이 특급 리조트의 고객 서비스에 더 적합할 것으로 생각되기 때문에 클린사를 1순위로 고려하고 있다고 한다.
- 다만 X리조트는 클린사가 제안한 가격이 예산을 크게 초과하니 원하는 가격에 맞추어 줄 것을 요구하고 있는 상황이다. 그러나 X리조트의 요청 가격에 따르면 통상적인 거래에 비해 이익이 매우 낮아서 클린사는 가격 결정에 고심하고 있다. 클린사 직원인 당신은 가격 결정 회의에 참석하기에 앞서 아래와 같은 자료를 받았다.

- 참고 자료
  - 자료 1 : 클린사 비누의 개당 가격
    └ 정가(소매) 1,500원, 제안가(할인가) 850원, X리조트 요청가 600원
  - 자료 2 : 국내 비누시장 점유율 요약
    └ 깨끗사 35%, 클린사 29%, 청소사 19%, 기타 17%
  - 자료 3 : 연간 매출 및 영업이익 비교
    └ 클린사 : 매출 2,200억원, 영업이익률 15%
    └ 깨끗사 : 매출 3,400억원, 영업이익률 10%

당신의 역할과 과제

당신은 영업기획팀의 사원으로서 본 건에 관한 본인의 의견을 작성 및 발표해야 합니다. 먼저 아래의 A안과 B안 중에 하나를 선택한 후 아래의 내용이 포함되도록 자료를 작성하십시오.

1) 해당 안을 추진해야 하는 이유와 근거
2) 해당 안을 추진할 경우에 직면할 수 있는 위험 요인과 그 대응 방안 작성된 자료를 활용하여 경영진 앞에서 본인의 주장이 채택될 수 있도록 발표하십시오.

- A안 : 고객사의 요청 가격으로 인하
  - X리조트의 국내 리조트 추가 개장 가능성이 있으므로 장기적 파트너십 구축을 위해 고객사 요청 가격인 600원으로 인하
- B안 : 기존의 제안 가격을 고수
  - 클린사는 수익성을 중시하는 전략을 추구하고 있으며, 회사 가격 정책에 따른 최대 할인율은 30% 미만이므로 이에 따라 기존 제안 가격인 850원 유지

(2) 과제해결 : 2×2 매트릭스, 로직트리 활용

먼저, 2×2 매트릭스를 활용하여 A안과 B안의 장점과 단점을 정리한다.

- ◎ 장점은 선택의 근거가 되고, 단점은 선택 시 위협요인이 된다.
- ◎ 장단점을 참고하여 선택을 위한 대응방안을 정리한다.
- ◎ 대응방안의 수행여부와 선정 가능성을 고려한 결과, A안을 선택한다.

구분	[A안] 600원 인하	[B안] 850원 고수
장점 (선택 근거)	• 1순위 고려 → 선정 가능성 높음 • 매출 및 M/S 확대 → 1위 기회 • 대형 고객과 장기적 파트너십 구축 • X리조트 이용객에게 마케팅 효과 - 잠재고객에게 체험기회 제공	• 우수한 품질로 고객 만족도 유지 • 수익성 중시 전략 유지 • 일관된 가격정책 유지
단점 (위험요인)	• 수익성 악화 • 가격정보 유출 시, 타 고객의 불만	• X리조트의 예산 초과 • 경쟁사 550원 → 클린사 탈락?
선택을 위한 대응방안	• 수익성 악화 → 내부 대응 가능 • 가격정보 유출 → 대응방안 모색 • 선정 가능성이 높다	• 예산 초과 → 적합한 대안? • 협상력 → 경쟁사 때문에 한계 • 탈락 가능성이 높다

[1단계 과제해결① : 2×2 매트릭스 분석 → A안 선택]

그 다음, 로직트리를 활용하여 A안 선택에 따른 2가지 위험요인에 대한
대응방안(해결방안)을 구체적으로 도출한다.

○ 수익성 악화 대응방안
  － 다른 제품과 패키지 공급은 X리조트를 설득해야 가능하다.
  － 코스트 절감대책은 클린사 내부적으로 해결할 수 있다.
  － 타 X리조트에 공급 제안은 X리조트를 설득해야 가능하다.

○ 가격정보 유출 대응방안
  － X리조트와 보안계약 체결은 설득이 가능하다.
  － 가격결정 표준안 준비는 클린사 내부적으로 진행하면 된다.

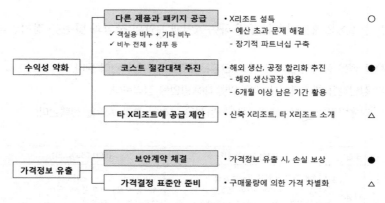

[1단계 과제해결② : A안의 위협요인/대응방안 고민 → 2단계 결론도출]

(3) 결론도출 : 대응방안의 우선순위 판단

○ 수익성 악화 대응방안
  － 클린사 내부적으로 해결할 수 있는 코스트 절감대책이 1순위이다.
  － 다른 제품과 패키지 공급은 X리조트를 설득해야 가능하기 때문에 2순위이다.
  － 타 X리조트에 공급하는 제안은 예측하기 어려워 3순위이다.

◎ 가격정보 유출 대응방안

    – X리조트와 보안계약 체결이 가장 확실한 1순위이다.

    – 가격결정 표준안 준비는 2순위이다.

(4) PT준비 : T 판서법 활용

◎ 다음과 같이 발표내용의 키워드를 메모한다.

◎ 메모한 내용을 바탕으로 면접실에 입장하기 전까지 KKK 발표구조를 연습한다.

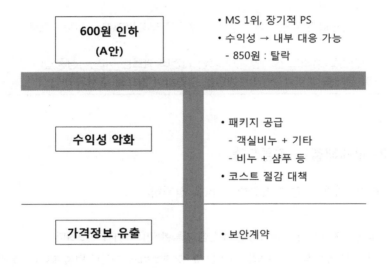

[PT준비 : T 판서법 활용]

3. 공통 Case - 고객상담센터의 상담업무 개선방안

(1) 과제 Case

고객상담센터의 상담업무 개선방안
우리 회사의 최근 이슈 중 하나는 고객상담센터의 업무를 개선하는 것입니다. 몇 개월 전부터 고객상담센터에 전화해도 연결이 지연된다는 고객들의 불만이 누적되고 있기 때문입니다. 현재 고객상담센터의 운영 현황은 다음과 같습니다. • 상담원 : 10명 • 근무시간 : 09:00~18:00 • 상담전화건수 : 한 시간 평균 100건, 피크시간(12:00~14:00) 200건 상담원을 늘리고 싶지만, 추가적인 인건비 확보는 어려운 상황입니다. 이 문제를 해결할 수 있는 방안을 수립하여 발표해 주시기 바랍니다.

(2) 과제해결 → 결론도출

먼저, 과제 해결에 적합한 Tool을 선택하자.

- ◉ 전문지식보다는 일상 수준의 실행 가능한 아이디어가 필요하다.
- ◉ 가장 쉽게 적용할 수 있는 Tool은 '2×2 매트릭스' 가운데 덧셈(확대) ↔ 뺄셈(축소) 기법이다.
    - 덧셈(확대) : 뭔가를 더하는 방법으로 아이디어 도출
    - 뺄셈(축소) : 뭔가를 줄이는 방법으로 아이디어 도출

(3) Z 공략법 3단계

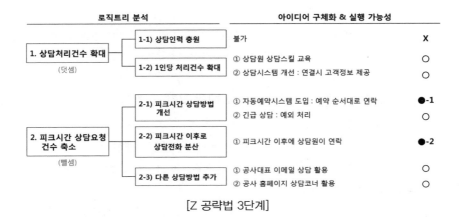

[Z 공략법 3단계]

① [1단계] 과제해결 : 해결방안과 세부방안을 도출한 다음, 실행 가능성을 검증한다.

- 🔘 큰 틀의 해결방안 도출

  – 덧셈 해결방안 : 상담처리건수 확대

  – 뺄셈 해결방안 : 피크시간 상담요청건수 축소

- 🔘 덧셈 : 상담처리건수를 확대할 수 있는 세부방안 도출

  – 1-1) 상담인력 충원 : 인건비 제한으로 불가

  – 1-2) 1인당 처리건수 확대 : 2가지 아이디어 구체화

- 🔘 뺄셈 : 피크시간 상담요청건수를 축소할 수 있는 세부방안 도출

  – 2-1) 피크시간 상담방법 개선 : 2가지 아이디어 구체화

  – 2-2) 피크시간 이후로 상담전화 분산 : 1가지 아이디어 구체화

  – 2-3) 다른 상담방법 추가 : 2가지 아이디어 구체화

- 🔘 참고사항

  – 덧셈(확대) ↔ 뺄셈(축소) 기법을 적용하면서 '덧셈은 상담처리건수 확대 ↔ 뺄셈은 피크시간 상담요청건수 축소'라는 해결방안을 생각해내는 것이 관건이다.

  – ① MECE 가운데 '2×2 매트릭스'를 선택 → ② 덧셈(확대) ↔ 뺄셈(축소) 기법을 적용 → ③ 2가지 관점에서 해결방안을 생각해내는 것을 충분히 연습해두지 않으면 실전에서 발휘하기 어렵다.

– 실전 Case에서는 ① 해결방안 → ② 세부방안 → ③ 아이디어 구체화까지 로직 트리를 전개했지만, 실제 발표면접에서는 세부방안까지만 전개해도 높은 평가 점수를 받을 수 있다.

– 특히 과제풀기 시간이 부족한 경우, ① 해결방안 → ② 세부방안까지만 전개한 다음, 결론도출 및 PT준비를 하는 것이 좋다.

② [2단계] 결론도출 : 7개 아이디어에 대해 각각 실행 가능성을 검증한다.

  ● 세부방안의 우선순위

    – 1순위) 자동예약시스템 도입 → 피크시간 상담방법 개선

    – 2순위) 피크시간 이후에 상담원이 연락 → 피크시간 이후로 상담전화 분산

  ● 해결방안의 인과관계

    – 실행 가능성이 높은 1순위, 2순위 세부방안이 모두 '피크시간 상담요청건수 축소'라는 해결방안에 해당한다.

    – 결론적으로 피크시간 상담요청건수 축소를 적용하면 과제가 해결된다.

③ [3단계] PT준비

  ● KKK 발표구조로 메모

    – 1K : 피크시간 상담요청건수 축소

    – 2K : 로직트리와 MECE 기법 적용, 덧셈 ↔ 뺄셈 기법을 적용

    – 덧셈 : 상담처리건수 확대, 2개 세부방안 → 실행 가능성이 낮아 탈락

    – 뺄셈 : 피크시간 상담요청건수 축소, 3개 세부방안 → 채택

      → 피크시간 상담방법 개선 : 자동예약시스템 도입

      → 피크시간 이후로 상담전화 분산 : 피크시간 이후에 연락

    – 3K : 상담인원을 늘리지 않고 고객불만 해소 가능

  ● 판서법 : 로직트리 판서법으로 결정

    – 해결방안을 전개한 로직트리 그대로 판서하는 것이 효과적

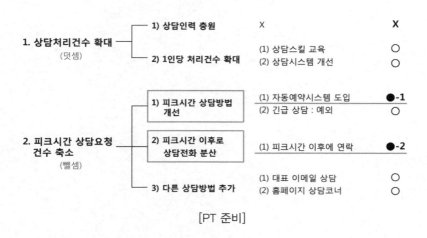

상담전화 개선방안

1. 상담처리건수 확대
   (덧셈)
   - 1) 상담인력 충원   X   **X**
   - 2) 1인당 처리건수 확대
     - (1) 상담스킬 교육   ○
     - (2) 상담시스템 개선   ○

2. 피크시간 상담요청 건수 축소
   (뺄셈)
   - 1) 피크시간 상담방법 개선
     - (1) 자동예약시스템 도입   **●-1**
     - (2) 긴급 상담 : 예외   ○
   - 2) 피크시간 이후로 상담전화 분산
     - (1) 피크시간 이후에 연락   **●-2**
   - 3) 다른 상담방법 추가
     - (1) 대표 이메일 상담   ○
     - (2) 홈페이지 상담코너   ○

[PT 준비]

(4) PT 리허설

이제 PT 준비한 내용을 바탕으로 리허설을 해야 한다. 리허설은 실전 연습이다. 실제 면접실에서 PT 발표를 하는 것처럼 연습하면 된다.

리허설을 하면서 꼭 체크해야 할 포인트는 다음과 같다. 이를 체크해서 수정이 필요한 부분은 보완하면 된다.

- ◎ 5분 안에 발표가 가능한가?
- ◎ KKK 발표구조로 구성되어 있는가?
- ◎ 과제 해결하는 설득맨을 제대로 전달하고 있는가?
  - − 문제해결능력, 의사소통능력, 설득력 등

04

이자면 관통하기로 합격하는
토론면접

토론면접은 다른 면접에 비해 단순하다. 똑같은 주제가 주어지고 같은 공간에서 토론이 이루어진다. 토론을 어떻게 준비할 것인가, 그리고 준비한 내용을 어떻게 전달할 것인가에 집중하면 된다.

면접위원이 제시하는
토론면접 합격전략

토론면접은 1990년대 많은 대기업이 활용했던 면접방식이다. 일방적인 질문/답변으로 진행되는 인성면접의 부족한 점을 보완하는 효과가 있었다. 그러다 2000년대 중반 이후에는 점차 밀려나는 추세를 보였다. 평가요소가 인성면접이나 직무면접과 중복되는 측면이 있었고, 평가방법에 한계가 있었기 때문이다.

대기업 관점에서 토론면접은 내용이 단순하고, 지원자를 평가할 때 차별화에 한계가 있다.

- **토론의 주제와 내용이 단순하다.**
  - 결론이 찬성/반대로 정해져 있고, 근거의 내용도 큰 차이가 없다.
- **지원자 개인에 대한 차별화된 평가에 한계가 있다.**
  - 보통 2개 조로 분반하여 찬성/반대의 관점에서 토론하기 때문에 개인별 차별화 포인트를 찾기 어렵다.

지원자 입장에서도 토론면접은 부담을 느끼는 면접이다.

- **토론 주제에 대한 정보/지식 여부에 따라 우열이 가려지는 경우가 많다.**
- **토론 경험이 부족하기 때문에 준비하고 연습하는 것이 어렵다.**

그런데 최근에 다시 토론면접을 적용하는 기업이 늘고 있다. 면접 방법이 다양화되고 있는 트렌드를 반영한 것으로 보인다. 최근에는 같은 회사 안에서도 직무별로 다양한 면접 방법을 적용하고 있다. 특히 유통업계나 광고업계, 영업마케팅 직무나 경영지원 직무에서 토론면접을 활용하는 사례가 늘고 있다.

토론면접은 다른 면접에 비해 단순하다. 똑같은 주제가 주어지고 같은 공간에서 토론이 이루어진다. 토론을 어떻게 준비할 것인가, 그리고 준비한 내용을 어떻게 전달할 것인가에 집중하면 된다. 이제부터 토론면접의 프로세스를 따라가 보자.

1. 토론면접 프로세스

전체 흐름도를 보면 토론면접이 어떤 프로세스로 진행되는지 이해할 수 있다.

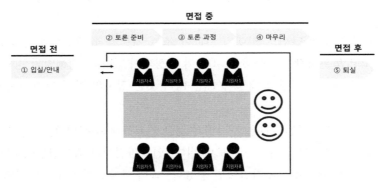

[토론면접 프로세스]

토론면접은 5단계로 구분되는데 중요한 것은 토론 준비와 토론 과정이다. 단계별로 대기업 인사팀 관점에서 체크하는 내용을 살펴보자.

① 입실/안내 : 진행자가 설명하는 토론 방식, 토론 주제에 주목한다.
② 토론 준비 : 2가지 토론 방식에 적합한 사고틀을 활용하는 것이 좋다.
③ 토론 과정 : 나의 주장이 핵심이지만, 경청의 중요성도 놓치면 안 된다.
④ 마무리 : 합의점 도출 시, 어떻게 발언해야 할까?
⑤ 퇴실 : 지원자가 퇴실하면 면접위원은 최종 평가를 한다.

지금부터 프로세스를 따라가면서 토론면접에서 필요한 핵심 보따리를 풀어보자.

2. 토론면접의 특징

먼저, 토론면접의 특징을 파악하기 위해서는 토론면접과 다른 면접방식의 차이점을 비교해봐야 한다. 토론면접은 인성면접, 직무면접과는 다음과 같은 차이점을 보이고 있다.

- ◉ 면접위원의 질문이 없다. 시작과 종료를 운영할 뿐이다.
- ◉ 지원자들 사이에 각자의 주장만 오고 간다.
- ◉ 토론 리더를 선정할 수도 있고, 리더가 없이 토론이 진행될 수도 있다.

토론은 조별 단위로 진행되는데 한 조는 지원자 4~8명으로 구성된다. 한 조당 토론시간은 보통 30~40분이 배정되어 있다. 만약 6명의 지원자에게 30분의 토론시간이 배정된다면, 1인당 5분 정도의 발언 기회가 주어지는 것이다.

토론면접의 면접위원은 2~4명의 젊은 간부들로 구성된다. 과장급 또는 차장급 간부들이 들어온다고 보면 된다. 인성면접이나 직무면접에 비해 젊은 간부들이란 특성도 감안하면 좋겠다. 특히 토론면접에서는 면접위원의 역할을 최소화시키는 것이 특징이다.

- ◉ **토론 시작 전 면접위원 역할**
  - − 토론 방식, 토론 주제를 안내
  - − 필요한 경우 토론 리더를 선정
  - − 토론 시작을 선언
- ◉ **토론 시작 후 면접위원 역할**
  - − 토론 촉진을 위한 최소한의 개입
  - − 마무리 및 합의점 도출 유도
  - − 시간 관리 및 종료 선언

3. 찬반토론 방식과 문제해결 방식

토론면접은 진행 방식에 따라 크게 찬반토론 방식, 문제해결 방식의 2가지로 구분된다.

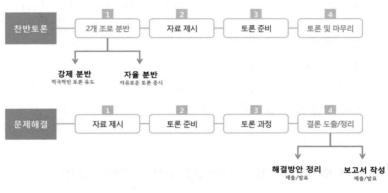

[토론 방식]

(1) 찬반토론 방식

찬반토론 방식은 지원자를 2개 조로 분반하여 주제에 대한 토론을 시키는 방식이다. 지원자를 분반하는 방법도 2가지가 있다. 강제 분반시켜 적극적인 토론을 유도하기도 하고, 자율 분반시켜 자유로운 토론을 중시하기도한다. 대다수의 기업이 강제 분반을 선호한다. 찬반토론 과제로 자주 출제되는 주제는 다음과 같다.

- ◎ 소득주도성장의 효과에 대한 찬반
- ◎ 재난 지원금의 보편지급에 대한 찬반
- ◎ 영리병원 도입에 대한 찬반
- ◎ 신입사원 채용 시, 군 경력 가산점에 대한 찬반

PART

4

토론면접

(2) 문제해결 방식

문제해결 방식은 한 조 단위로 과제를 제시하고, 토론을 통해 해결방안을 도출시키는 방식이다. 간단하게 해결방안을 정리하는 방법과 구체적으로 보고서를 작성하는 방법이 있다. 짧은 시간 안에 가능한 해결방안 정리하라고 요구하는 회사가 많다. 문제해결 과제로 출제되는 주제는 다음과 같다.

- 우리 회사의 이미지 제고 방안
- 휴대폰 부품 선정을 위한 의사결정
- 전기자동차 보급 확산을 위한 실행전략
- ESG 경영 활성화를 위한 구체적 방안

(3) 토론 방식의 변화 : 문제해결 과제 + 2개조 분반

최근에는 찬반토론과 문제해결을 혼합해서 적용하는 회사가 증가하고 있다. 2가지 의견이 대립하는 문제해결 과제를 제시한 다음, 지원자를 2개 조로 분반하여 토론하는 방식이다. 문제를 해결하는 역량과 토론하는 역량을 한꺼번에 평가할 수 있다는 장점이 있다.

토론 주제에도 변화가 진행되고 있다. 예전에는 사회적 이슈를 많이 활용했지만, 최근에는 대기업의 자체 이슈, 또는 비즈니스 관련 이슈를 제시하고 있다. 따라서 지원한 회사에 대한 공부를 제대로 하고 가야 한다.

- 회사/사업 : 사업분야, 직무소개
- 전략 방향 : 미션, 비전, 핵심가치, 인재상
- 지속가능경영보고서 : 회사 공통 이슈, 지원직무 이슈
- 언론에 나온 이슈 : 최근의 주요 성과, 이슈가 된 문제점, 개선사항

회사의 전반적인 정보와 최근 이슈에 대한 자료들을 시간이 될 때 파악하도록 하자. 특히 회사와 관련되거나 지원직무에 대한 이슈는 나의 관점을 생각해 따로 정리해보는 것이 좋다.

토론면접은 크게 토론을 준비하는 시간, 실제 토론을 진행하는 시간으로 나눌 수 있다. 토론면접 경험이 없는 지원자도 당황하지 않고 토론에 참여할 수 있도록 '333 토론비법'을 제안한다.

1. 333 토론비법

필자는 다양한 토론면접에서 면접위원 역할을 경험했다. 그 경험을 참고해 333 토론비법을 만들었다.

토론의 3Step은 토론을 어렵게 생각하지 않고 큰 흐름을 잡을 수 있도록 설명한 것이다. 경청의 3시그널, 주장의 3포인트는 토론면접이 다른 면접에 비해 지원자의 태도가 중요하다는 점을 강조한 것이다.

① **토론의 3Step** : 과제풀기 → 경청 및 주장 → 합의점 도출로 이루어지는 과정
② **경청의 3시그널** : 다른 지원자의 주장을 경청하는 방법
③ **주장의 3포인트** : 자신의 의견을 효과적으로 주장하는 방법

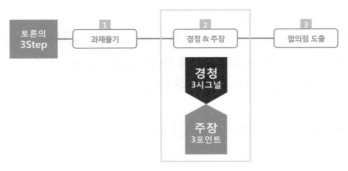

[333 토론비법]

2. 과제풀기 : 로직트리 활용 → 사고틀 활용

1Step인 과제풀기는 토론 주제를 받고 나서 토론을 준비하는 과정이다. 토론면접 경험이 없는 지원자들이 흔히 저지르는 실수 중에 하나가 토론을 준비하는 시간이 평가에 들어가지 않는다고 생각하는 것이다. 하지만 토론 주제가 주어지고 과제풀기가 시작되는 순간부터 면접위원들은 면접자를 평가하고 있다. 그리고 과제풀기 단계를 제대로 준비해야 실제 토론과정에서 자신의 역량을 어필할 수 있다.

과제풀기에서는 과제 내용에 따라 2가지 사고틀을 활용하면 된다. 직무면접에서 설명한 로직트리와 MECE 기법을 활용하자.

- ◎ 찬반토론 과제일 경우 : 로직트리 활용
- ◎ 문제해결 과제일 경우 : 로직트리+MECE 활용

구분	준비 시간	참고 자료	활용 Tool	목적
찬반토론 과제	짧은 시간 5~10분	자료 없음 or 간단한 자료	로직트리	설득
문제해결 과제	10~20분	세부적인 자료	로직트리 + MECE	협의

[토론 준비 : 과제풀기]

찬반토론 과제는 상대방을 설득하는 것이 목적이다.

- ◎ 대부분 준비시간이 5~10분 정도로 짧고 참고자료가 없거나 간단하다.
- ◎ 따라서 로직트리를 활용해 간단하게 자신의 주장을 메모하는 것이 좋다.
  - 상대방을 설득하는 것이 주목적이기 때문이다.

문제해결 과제는 최적안을 도출하기 위해 지원자들과 협의하는 것이 목적이다.

○ 세부적인 자료를 제공하고 준비시간도 10~20분 정도로 길다.

○ 따라서 로직트리와 MECE 기법을 활용해 논리적으로 정리하는 것이 좋다.

  – 개선방안이나 최적안을 찾아내기 위해 협의하는 것이 주목적이기 때문이다.

(1) 로직트리 활용 : 찬반토론 과제

찬반토론 과제에서 로직트리를 활용하는 방법을 알아보자.

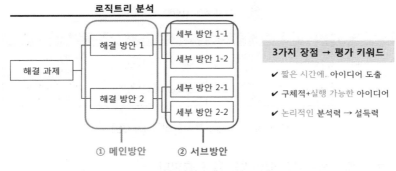

[찬반토론 과제 : 로직트리 활용]

일단 자신의 입장이 찬성인지, 반대인지가 정해지면 그 자체가 결론이 된다. 따라서 이를 뒷받침하는 해결방안을 찾아내는 것이 중요하다. 여기서 로직트리의 가지치기 기법을 활용하면 적합한 해결방안을 도출할 수 있다.

○ 찬성/반대에 대한 해결방안(메인방안)을 도출하여 메모한다.

○ 해결방안별로 구체적인 세부방안(서브방안)을 찾아내서 메모한다.

이처럼 로직트리는 해결방안(아이디어)을 도출하는데 3가지 장점이 있고, 이는 토론면접의 평가 키워드와 연결이 된다. 로직트리에 대한 자세한 내용은 PART 3의 Chapter 1을 참고하자. [◀ p.180 로직트리 + MECE에서 연결]

(2) 로직트리+MECE 활용 : 문제해결 과제

문제해결 과제는 로직트리와 MECE 기법을 같이 활용하자. [◀ p.180 로직
트리 + MECE에서 연결]

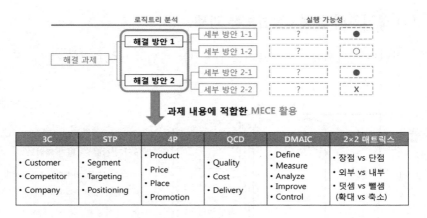

[문제해결 과제 : 로직트리 + MECE]

① 큰 틀에서 해결방안(메인방안)을 도출한다.
  ◎ 과제를 해결할 수 있는 아이디어(해결방안 1, 2)를 생각하여 메모한다.
  ◎ 이 때 적합한 MECE 기법을 활용하면 짧은 시간에 아이디어를 도출할 수 있다.
② 구체적인 세부방안(서브방안)을 도출한다.
  ◎ 해결방안 1, 2를 실행할 수 있는 세부방안을 도출하여 메모한다.
③ 세부방안에 대한 실행 가능성을 판단한다.
  ◎ 세부방안별로 실행 가능성을 판단하여 우선순위를 정한다.

이처럼 로직트리와 MECE 기법을 활용하면 구체적이고, 실행 가능한 아
이디어를 짧은 시간에 도출할 수 있다. 이제 대기업에서 출제되었던 찬반토
론 과제와 문제해결 과제를 풀어보자.

3. 찬반토론 과제 Case : 영리병원 도입

(1) 과제 Case

"영리병원 도입에 대한 찬성 또는 반대"

(2) 해결방안 도출

[영리병원 도입 : 찬성 조]

찬성 조의 입장에서 해결방안을 도출해보겠다. 앞에서 설명한 대로 로직 트리를 활용하여 가지치기를 하면 된다. 먼저, '영리병원 도입이 필요하다' 는 결론을 왼쪽에 적고, 이에 대한 해결방안을 도출한다.

- 국가 경제라는 큰 시각, 병원 업계이라는 작은 시각으로 구분할 수 있다.
  - 국가 전체의 경제적 측면에서 긍정적인 효과를 생각한다.
  - 병원 업계의 의료 서비스 측면에서 긍정적인 효과를 생각한다.

다음, 해결방안별로 구체적인 세부방안을 찾아낸다.

- 경제적 측면의 긍정적인 효과
  - 신사업 기회 제공, 외국인 투자 유치, 의료관광국가 기반 마련 등
- 의료 서비스의 질을 향상시키는 효과
  - 기업들의 자발적 투자 유도, 건강한 경쟁 효과 등

4. 문제해결 과제 Case : 지게차 부품 선정

(1) 과제 Case

"제시된 과제 내용을 참고하여 본인의 지식과 경험 그리고 의견을 바탕으로 집단토론에 참여하시기 바랍니다."

집단토론 과제	• H중공업은 지게차 출시를 위한 양산을 앞두고 있으며 최종적으로 두 가지 부품에 대한 구매 품목 선정 의사결정을 이루어져야 한다. • 부품설계팀은 목표는 지게차의 원가절감에 있으며, 필드시험팀의 목표는 품질 향상을 통한 고객만족에 있다. • 토론조는 부품설계팀과 필드시험팀으로 나뉘어서 각각 본인의 의견을 기반으로 토론하여 주시기 바랍니다.

1. 문제 상황

H중공업은 최근 주력 사업으로 지게차 사업을 선정하고 지게차 개발과 생산에 박차를 가하고 있다. 2022년 3월 지게차 신규 모델(AX) 출하를 앞두고 2021년 10월 초부터 대대적인 마케팅과 영업 활동을 시작하여 이미 200대 이상의 선주문을 확보하였고 주문한 고객에게는 2022년 3월 20일 이전에 지게차(AX) 인도를 약속하였다.

H중공업은 지게차(AX) 사업을 통하여 회사의 경제적 수익성을 확대하고 고객의 만족도 향상을 추구하는 두 가지 경영 목표를 모두 달성하려는 야심찬 계획을 갖고 있다.

2. 부품설계팀과 필드시험팀의 역할

H중공업의 지게차 생산의 전략 부서로는 지게차의 부품을 설계하고 있는 부품설계팀과 부품설계팀이 설계한 부품을 실제 현장에서 품질 테스트를 하는 필드시험팀이 있다.

지게차 사업의 특성상 부품설계팀의 주요 목표는 부품의 설계를 단순화하여 부품의 종류를 감소시키고 부품의 단가를 낮추는 데 있다.

반면, 필드시험팀의 주요 목표는 지게차를 다양한 환경의 현장에서 실제로 테스트를 하여 지게차와 지게차 부품의 품질을 재확인하여 지게차(AX)의 고장이나 품질 불량의 원인을 제거하여 품질 향상을 도모하고 결과적으로 고객만족도를 향상시키는데 있다. 따라서 필드시험팀의 성과는 지게차 출시 후 얼마나 많은 지게차가 After-Service를 받느냐에 달려 있다. 즉 After-Service의 사례가 적으면 적을수록 필드시험팀의 성과는 높게 평가된다.

3. 부품설계팀과 필드시험팀의 의견의 차이

현재 부품설계팀과 필드시험팀은 지게차 운전석의 Air-Conditioning 시스템과 Entertainment 시스템 선정을 두고 의견 다툼이 있다.

지게차의 운전자는 장시간 혼자 운전석에서 일해야 하는 특수한 상황이 있기 때문에 Air-Conditioning 시스템과 라디오와 오디오 등을 포함하는 Entertainment 시스템은 실제 지게차 이용고객의 만족도를 향상시키는 데 매우 중요한 부품이다. 부품설계팀에서는 Air-Conditioning 시스템으로 L전자의 A-2 시스템을 선정하였다. 선정 사유는 A-2 시스템은 경쟁사인 Volvo의 Air-Conditioning 시스템보다 단가가 20% 이상 저렴하여 지게차 전체 가격의 단가를 2.0% 이상 낮추는데 기여할 수 있다. 지게차의 Air-Conditioning 시스템은 전체 원가의 10%를 차지한다. 필드시험팀에서는 여러 가지 Air-Conditioning 시스템을 시험한 결과 S전자의 S-5 시스템을 추천하고 있다. S-5 시스템은 현재 경쟁사인 Volvo에서도 채택하고 있는 시스템이다. Volvo에서 발표한 자료에 따르면 지난 2년 동안 Volvo 지게차의 Air-Conditioning 시스템에 대한 고객의 불만으로 인한 A/S 건수는 한 건도 없었다고 한다.

부품설계팀에서는 Entertainment 시스템으로 D전자의 D-1 시스템을 선정하였다. D-1 시스템을 현재 차량 Entertainment 시스템으로는 가장 일반적인 시스템으로 전체 시장에서 60% 이상의 market-share를 갖고 있는 시스템이다.

필드시험팀에서는 Entertainment 시스템으로 H전자의 H-3 시스템을 추천하고 있다. 그동안 H중공업이 생산한 대부분의 차량에 D-1 시스템이 사용되었는데 품질에 대한 고객의 불만으로 인한 A/S 건수가 1,000 대당 50 대 수준으로 일반적인 불만건수비율(2.5%)보다 높은 편이었다. H-3 시스템을 채택한 타사의 데이터를 분석해 보면 고객 불만으로 인한 A/S 건수비율이 0.5% 이하로 매우 만족도가 좋은 시스템이다. H-3 시스템은 D-1 시스템보다 가격이 20% 이상 높고 지게차 전체 가격의 단가를 1.0% 이상 인상시키는 요인이 된다. 지게차 Entertainment 시스템은 전체 원가의 5%를 차지한다.

4. 토론 과제

2022년 3월 20일 지게차 신규 모델 AX를 고객에게 인도하기 위해서는 오늘 중 부품 선정에 대한 의사 결정이 이루어져야만 합니다. 부품설계팀과 필드시험팀이 부품 선정을 위한 회의를 시작합니다.

(2) 해결방안 도출

① [1단계] 토론의 포인트를 정리한다.

　○ 지게차 운전석의 Air–Conditioning 시스템(AC–S)과 Entertainment 시스템
(ET–S) 선정에 대한 부품설계팀과 필드시험팀의 의견 차이를 간략하게 정리한다.

부품설계팀	구분	필드시험팀
원가절감 → 수익성 확대	목표	품질향상 → 고객만족도 향상
● L전자의 A–2 시스템 　– S–5 대비 20% 싸다 　(총원가 2.0% 인하)	AC–S (총원가의 10%)	● S전자의 S–5 시스템 　– 경쟁사인 V사 채택 　– 불만건수 0
● D전자의 D–1 시스템 　– 시장점유율 60% 이상 　– 불만건수비율 5.0% 　(평균 2.5%의 2배)	ET–S (총원가의 5%)	● H전자의 H–3 시스템 　– 불만건수비율 0.5% 　– D–1 대비 20% 비싸다 　(총원가 1.0% 인상)

[1단계 : 토론 포인트 정리]

② [2단계] 문제해결형 과제이니만큼 로직트리와 2×2 매트릭스를 활용하여
솔루션(해결방안)을 도출한다.

　○ 메인방안 도출 : 품질향상이 원가절감보다 중요

　　– 원가절감, 품질향상이란 2가지 목표를 단기적 효과와 중장기적 효과로 구분
하여 어떤 결정이 긍정적인가(High) 혹은 부정적인가(Low) 판단한다.

– 단기적 효과보다 중장기적 효과가 중요하다는 아래의 분석 결과를 참고하여 품질향상이 원가절감보다 중요하다는 메인 솔루션을 도출한다.

	단기적 효과	중장기적 효과	
원가절감	수익성 High 고객만족도 Low	수익성 Low 고객만족도 Low	→ 단기적 해결방안
품질향상	수익성 Low 고객만족도 High	수익성 High 고객만족도 High	→ 중장기적 해결방안

[2단계 : 메인방안 도출 – 2×2 매트릭스 활용]

◉ 서브방안 결정 : A–2 시스템(원가)과 H–3 시스템(품질)을 선택

- AC–S : S–5 시스템이 1순위이지만, 다음 사항을 고려하여 A–2 시스템을 선택한다.
- A–2 시스템의 경우, 불만건수에 대한 별다른 언급이 없다는 점은 품질이 안정적이라는 것을 의미한다. 게다가 총원가를 2.0% 절감하는 효과도 있다.
- ET–S : D–1 시스템에 비해 품질이 월등히 좋은 H–3 시스템을 선택한다.
  → D–1 시스템의 경우, 불만건수가 평균 수준보다 2배나 높기 때문에 계속 사용하면 고객만족도를 악화시키는 요인이 된다. 따라서 총원가가 1.0% 인상되는 부담이 있더라도 H–3 시스템으로 교체한다.
- 결론적으로 AC–S으로는 A–2 시스템을, ET–S으로는 H–3 시스템을 선택하면 품질향상과 함께 총원가를 1.0% 인하하는 효과까지 실현할 수 있다.

	품질향상	원가절감	
AC–S		A–2 시스템	• 불만건수 언급 없음 : 안정적 의미 • 총원가 2.0% 인하 효과
ET–S	H–3 시스템		• 불만건수 개선 : 고객만족도 High • 총원가 1.0% 인상 효과

[3단계 : 서브방안 도출 – 2×2 매트릭스 활용]

PART

4

토론면접

Chapter 01 면접위원이 제시하는 토론면접 합격전략 **261**

1. 올바른 토론방법

토론면접에서는 올바른 토론방법을 알고 연습하는 것이 중요하다. 특히 탈락자 유형을 살펴보면서 무언가 '튀는맨'은 탈락 가능성이 높다는 것을 이해하자.

- **독불장군 유형이다.**
  - 다른 사람의 의견을 경청하지 않고 자신의 의견만 주장하는 유형이다.
- **토론에 소극적으로 참여해도 안 된다.**
  - 면접을 방관한다는 인상을 주기 때문에 감점을 받을 수 있다.
- **언쟁을 유발하는 면접자도 탈락자 유형에 속한다.**
  - 토론 주제에 대한 이해도가 낮아 억지를 부리는 것으로 인식된다.

반대로 합격자 유형을 보면 결국 '센스맨'이 되어야 합격 가능성이 높다는 것도 기억하자.

- **소통인이 되어야 한다.**
  - 다른 지원자의 의견을 경청하면서도 자신의 주장을 명확하게 밝혀야 한다.
- **토론에 적극적으로 참여하는 사람이 합격률이 높다는 것은 당연하다.**
- **소신을 가지고 건설적으로 토론하는 지원자가 합격한다.**
  - 토론 주제를 잘 이해하면서 소통도 잘 한다는 인상을 심어주어야 좋다.

2. 토론 과정 : 경청 & 주장의 조화

토론 과정은 자신의 주장만으로 진행되지 않는다. 만약 그렇다고 믿는 지원자가 있다면 바로 탈락감이다. 건강한 토론은 경청과 주장이 반복되어야 한다. 결국 경청과 주장의 연속이 토론 과정인 것이다. 실제 면접에서 경청과 주장을 제대로 실행하는 지원자가 합격군에 들어갈 수 있다.

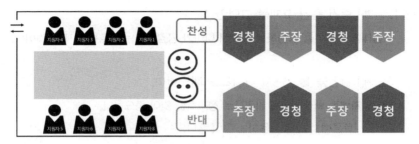

[토론 과정 : 경청 & 주장의 조화]

때문에 경청과 주장의 방법을 제대로 알고 토론면접을 준비해야 한다. 실제로 면접위원으로 다수의 토론 면접에 참여하면서 많은 면접자들을 평가했던 경험을 바탕으로 면접을 준비하면서 여러분이 꼭 익혀야할 경청과 주장의 프로세스를 제안하고자 한다.

- 경청의 3시그널 : 경청에 필요한 3단계 시그널
- 주장의 3포인트 : 주장에 필요한 3단계 포인트

3. 경청의 3시그널

경청에 필요한 3단계 시그널은 얼핏 보면 굉장히 쉬워 보인다. 하지만 실제 면접 중 시간에 쫓겨 나의 주장을 어필해야 한다는 압박감에 휩싸이면, 경청의 자세를 어필하기란 쉬운 일이 아니다. 따라서 아래 제시한 3단계 시그널을 미리 몸에 익혀갈 것을 추천한다. 면접위원에게 자신이 다른 지원자의 의견을 경청하고 있다는 신호를 3단계로 보내는 것이다.

① [1단계] 발언자를 주시하자.

     ◎ 이는 발언하는 상대방의 말을 경청하겠다는 신호를 의미한다.

② [2단계] 중간 중간 고개를 끄덕인다.

     ◎ 상대방의 발언을 경청하는 것에서 나아가 공감한다는 신호를 보내는 것이다.

③ [3단계] 발언을 들으면서 키워드를 메모한다.

     ◎ 발언자별로 핵심내용을 키워드로 정리하는 것이 중요하다.

     ◎ 이때 '토론배치도'를 활용하는 것이 좋다.

       – 메모지에 좌석 배치도와 함께 각 지원자의 번호를 표시한다.

       – 지원자별로 발언하는 내용의 키워드를 간단히 적어놓는다.

     ◎ 이를 참고해서 자신의 의견을 주장할 때 활용해야 한다.

       – 다음 예시 그림을 보면서 토론배치도를 어떻게 활용하는지 알아보자.

(1) 토론배치도 활용방법

토론배치도는 필자가 각종 회의에서 활용했던 방법이다. 다음과 같이 활용하면 된다.

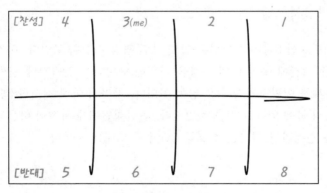

[토론배치도 활용방법]

① 토론 준비 시간

◎ 메모지에 좌석배치도를 심플하게 그린다.

- 찬성/반대로 구분하여 그리되, 지원자 수만큼 칸을 만든다.

◎ 각 지원자의 번호와 이름을 표시한다.

- 이름이 있으면 이름을 적고, 이름이 없으면 번호를 적는다.
- 자신의 위치도 표시한다. 예시에서는 3번이다.

② 토론 과정

◎ 지원자가 발언하는 내용을 키워드만 메모한다.

◎ 메모한 내용을 참고하여 자신의 주장에 활용한다.

- 메모를 보고 자신은 어떠한 차별화된 의견을 주장할지 정리한다.
- 이를 바탕으로 메모를 보면서 소신 있게 의견을 말한다.

(2) 토론면접에 참여한 지원자의 토론배치도 메모 Case

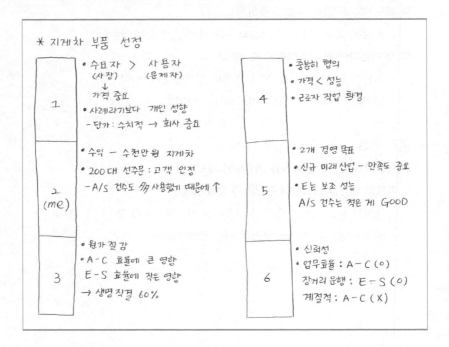

- ◉ 지원자는 2번에 위치
- ◉ 다른 지원자들의 주장을 메모
- ◉ 자신의 주장 키워드도 메모

4. 주장의 3포인트

하지만 경청보다 중요한 것이 자신의 주장을 제대로 전달하는 것이다. 지금부터는 자신의 주장을 할 때 필요한 3단계 포인트에 대해 알아보자.

① [1단계] 상대방의 주장을 정리한다.

　● 자신의 의견을 어필하기 전에 이제까지 찬성과 반대, 양쪽에서 나온 의견들 중, 자신의 주장과 연관시킬 수 있는 의견을 요약해 한 문장 정도로 간단히 말해주면 좋다.

② [2단계] 상대방의 의견에 공감을 표현한다.

　● 이는 상대의 의견을 존중하고 있다는 의미이다.

③ [3단계] 내 주장을 이야기한다.

　● 찬성인 경우에는 강하게 소신을 이야기하는 것보다는 다른 의견에 편승하거나 추가해서 이야기하는 것이 더 좋다.

　　－ 지나치게 강하게 말하는 것보다 부드럽지만 소신 있게 이야기하는 것이 더 좋은 인상을 심어줄 수 있다.

　● 반대인 경우에도 강하게 반박하기보다는 완곡하게 표현하는 것이 좋다.

　　－ 이때 'Yes-But 화법'을 유용하게 활용할 수 있다.

(1) Yes-But 화법 : 공감 먼저, 그리고 반대 주장

　Yes-But 화법은 상대방의 의견이나 주장에 대한 공감을 표시한 후, 자신의 반대 의견을 제시하는 방법을 의미한다. 경청의 시그널과 주장의 포인트를 명확하게 전달할 수 있는 방법이다. Case에서 살펴본 '영리병원 도입에 대한 토론 : 찬성 의견'을 참고하여 주장의 3포인트와 Yes-But 화법을 살펴보자. [◀ p.257 '영리병원 도입'에서 연결]

① 상대방의 주장 정리

　● 지금까지 영리병원을 도입하면, 의료 서비스의 질이 향상된다는 주장과 저하된다는 주장이 맞서고 있습니다.

② 상대방의 의견에 공감 표현

　● 방금 말씀하신 영리병원 도입 시의 문제점에 대해서는 저 역시 어느 정도는 공감하는 편입니다. (Yes로 공감을 표현, 그리고 But으로 자신의 주장을 제시)

③ 내 주장을 이야기

- 하지만, 문제점 보다는 필요성에 초점을 맞추어야 한다고 생각합니다.
- 첫째, 경제적인 효과가 매우 크다는 사실입니다. 신사업 기회 제공, 외국인 투자 유치, 의료관광국가 기반 마련 등이 가능합니다.
- 둘째, 기업들의 자발적인 투자를 유도하여 의료 서비스가 향상됩니다.

  Yes-But 화법은 토론면접에서 가장 중요한 비법의 하나이다. 꼭 기억하고 연습하여 실전에서 활용하면 좋겠다.

05 마무리

1. 마지막 발언

경청과 주장을 반복하다보면 토론면접도 마무리가 된다. 이때 회사에 따라 마무리 발언을 할 시간을 주는 경우가 있다. 이때는 길고 장황하게 이야기하면 절대 안 된다. 토론면접에 참여한 여러 명의 지원자가 마무리 발언을 하는 만큼, 간결하고 명확하게 자신의 주장을 재강조하는 것이 좋다.

- 자신의 의견을 10초 내외로 간결하게 재강조하자.
- 결론을 먼저, 그리고 명확한 근거를 설명하자.

마무리 발언을 끝으로 토론면접이 끝나게 된다. 혹은 합의점 도출 과정을 가지면서 토론면접이 종료되기도 한다.

2. 합의점 도출

합의점 도출 과정은 회사에 따라 포함되기도 하지만 생략하기도 한다. 일부 대기업의 경우는 마무리 발언을 생략하는 대신에 합의점 도출을 요구하기도 한다.

합의점은 토론한 내용을 바탕으로 도출해야 한다. 이때 지원자 한 명씩 발언하는 '마무리 발언' 시간이 주어지므로 이를 잘 활용하는 것이 좋다. 자신의 주장과 함께 상대방의 주장을 어떻게 받아들일 것인지가 중요하다.

- 상대방의 주장이 불합리하다고 생각할 때
    - 가볍게 공감을 표시한 후에 부드럽게 나의 의견을 이어간다.
- 상대방의 주장이 합리적이라고 생각할 때
    - 공감을 표시하고 이를 적극적으로 수용하는 태도를 보여야 한다.

상대방 주장이 **불합리**하면	• 가볍게 공감 표시 • 부드럽게 나의 의견을 주장	1. 최종 의견 교환 2. 다수 의견 중심으로 최적안 도출
	합의점 도출	
상대방 주장이 **합리적**이면	• 공감 + 맞장구 • 적극적으로 수용하는 태도	

[합의점 도출]

이처럼 지원자들의 의견을 듣고 난 후, 다수의 의견을 중심으로 합의점 (최적안)을 도출하면 된다. 합의점이 도출되면, 면접위원이 요구하는 대로 구두로 전달하거나 메모를 해서 제출한다. 이로서 토론면접이 종료되는 것이다.

MEMO

현대 인사임원 출신과 함께 완성하는 최종합격

선생님의
통과확률 UP전략
+ 1:1 컨설팅&첨삭

인사임원 30년 경력에서 나오는 대기업 지원서류 작성비법
나상무 선생님만의 노하우들로
당신을 최종합격으로 이끌어 드립니다.

[이론] 서류통과 확률 급상승을 위한 서류 작성전략!

[컨설팅] 1:1 개별 맞춤 컨설팅으로 이력 완벽 정리!

[첨삭] 이력서 기반 목표기업 맞춤 자소서까지 완성!

삼성 취업완성 올인원 풀패키지

'기업/직무 분석부터 서류/자소서, 인적성, 면접'까지
지원하는 기업/직무에 맞는 패키지 구성을 확인해보세요!

삼성전자DS 공정기술 삼성 취업완성 올인원 풀패키지	**삼성전자DS 공정설계** 삼성 취업완성 올인원 풀패키지	**삼성전자DS 회로설계** 삼성 취업완성 올인원 풀패키지	**삼성전자DS 설비기술** 삼성 취업완성 올인원 풀패키지	**삼성전자DS 평가 및 분석** 삼성 취업완성 올인원 풀패키지
삼성전자DS 패키지개발 삼성 취업완성 올인원 풀패키지	**삼성디스플레이** 삼성 취업완성 올인원 풀패키지	**삼성SDI** 삼성 취업완성 올인원 풀패키지	**삼성전자DX** 삼성 취업완성 올인원 풀패키지	**삼성 바이오로직스** 삼성 취업완성 올인원 풀패키지

삼성이 목표라면, 삼성 풀패키지 하나로 충분합니다

자소서+인적성+면접 전부 수강 가능
삼성 합격을 위한 강의 구성

기업 / 직무 / 전공별
맞춤 수강 커리큘럼 제시

예시 이미지

삼성을 가장 잘 아는 강사진
삼성 출신 강사만 총 23명

이력서/면접에서 어필 가능한
국가인증 NCS 수료증 발급

NCS 강의 수료 시, 발급 가능

기업개요, 인재상 등
기업 심층분석 자료 제공

실적 감각 향상을 위한
온라인 GSAT 모의고사

매주 실시간 무료 생방송
이공계 강의 LTV LIVE

LIVE 최신 채용트렌드를 반영한 현직엔지니어 출신 선생님들의
이공계 취업성공 Tip으로 당신의 취업경쟁력을 높이세요!

왜 렛유인 이공계 취업성공 생방송강의를 봐야 할까?

1. 누적 합격자 38,487명! 前 삼성 인사 임원, 실무 채용 경력이 있는 대기업 출신
   엔지니어들이 실제 채용 평가 기준으로 이공계생 맞춤 실전 취업 꿀팁을 제공합니다.

2. 오직 이공계생을 위해! 가장 빠르게 채용 시즌에 맞춰 눈높이
   취업성공전략을 제공해드립니다. (직무분석, 자소서항목, 면접기출 등!)

3. 삼성전자 포함 4,168개 기업교육 담당으로으로
   누구보다 정확한 기업들의 채용/기술 트렌드를 제공해 드립니다.

4. 실시간 소통으로 어디서나 즉시 이공계 취업 고민/전략을 해결해 드립니다.

※ 이공계 합격생 38,487명 : 2015~2023년 서류, 인적성, 면접 누적 합격자 합계 수치

단, 1초만에 끝내는 신청방법!

1 카카오톡 채널(플러스친구)에
렛유인을 추가하기!

카카오톡에 렛유인 검색

채널 탭

친구추가

2 초간단 신청! 핸드폰 카메라를
켜고 QR코드에 가져다 대기!

※ 생방송 강의 10분전!
렛유인 채널로 안내드립니다.

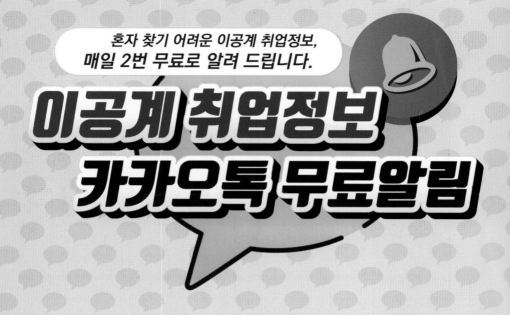

혼자 찾기 어려운 이공계 취업정보,
매일 2번 무료로 알려 드립니다.

이공계 취업정보
카카오톡 무료알림

〈렛유인 이공계 취업정보 무료 카카오톡 서비스는?〉

혼자 찾기 어려운 취업정보를 **1초 안에 카톡으로 받는 무료 서비스**입니다!
신청만 하면 아래의 모든 소식을 매일 2번 알려 드립니다.

- 이공계 맞춤! 기업의 따끈따끈한 채용소식 총정리
- 반도체/자동차/디스플레이/2차전지/제약·바이오 전공 및 산업 트렌드
- 최종합격생들의 직무, 자소서, 인적성, 면접 꿀팁
- 취업자료 무료 제공안내(서류, 자소서, 직무, 전공, 면접 등)

〈딱 3초안에 안에 끝나는 이공계 무료 카톡 신청법!〉

단, 3초면 완료! 무료! 이공계 취업정보 카카오톡 알림신청

핸드폰 카메라를 켠 후 QR코드를 가져다 인식하면 신청서가 나옵니다!
해당 신청서를 작성해 주시면, 8,000여 명 이상이 사용하는
"이공계 취업 정보 오픈 카톡방" 안내를 보내드립니다.

무료 카톡 링크는 신청서에 기재해 주신 핸드폰 번호로 안내해 드립니다. (평일 저녁)